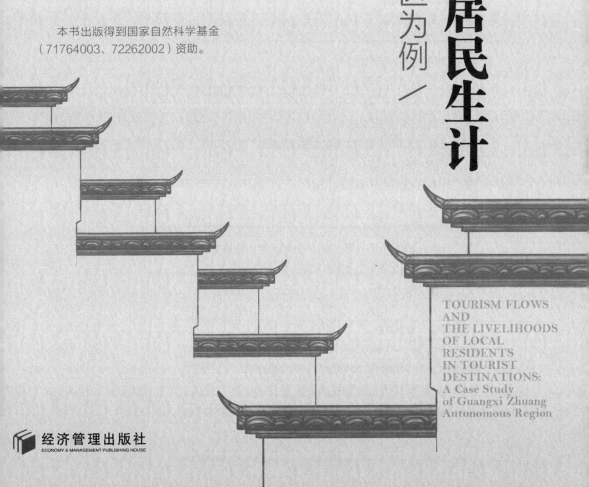

[旅游产业创新与发展丛书]

旅游流与旅游地居民生计

以广西壮族自治区为例

苏 振◎著

本书出版得到国家自然科学基金
（71764003、72262002）资助。

TOURISM FLOWS
AND
THE LIVELIHOODS
OF LOCAL
RESIDENTS
IN TOURIST
DESTINATIONS:
A Case Study
of Guangxi Zhuang
Autonomous Region

 经济管理出版社
ECONOMY & MANAGEMENT PUBLISHING HOUSE

图书在版编目（CIP）数据

旅游流与旅游地居民生计：以广西壮族自治区为例 /
苏振著. -- 北京：经济管理出版社，2025. -- ISBN
978-7-5243-0246-9

Ⅰ. F592.767

中国国家版本馆 CIP 数据核字第 2025SH7494 号

组稿编辑：王光艳
责任编辑：王光艳
责任印制：张莉琼

出版发行：经济管理出版社
　　　　　（北京市海淀区北蜂窝 8 号中雅大厦 A 座 11 层　100038）
网　　　址：www. E-mp. com. cn
电　　　话：(010)51915602
印　　　刷：北京市海淀区唐家岭福利印刷厂
经　　　销：新华书店
开　　　本：720mm×1000mm /16
印　　　张：13. 5
字　　　数：222 千字
版　　　次：2025 年 7 月第 1 版　　2025 年 7 月第 1 次印刷
书　　　号：ISBN 978-7-5243-0246-9
定　　　价：68. 00 元

前　言

PREFACE

　　旅游业是国民经济的战略性支柱产业。旅游流带动旅游目的地消费需求、提供就业岗位、优化人居环境等民生功能成为研究关注的热点。本书以广西壮族自治区(以下简称广西)为实证研究对象,从宏观城市和微观乡村农户两个层面出发:一方面,引入耦合协调度模型、两阶段超效率网络SBM模型(Super-NSBM),以及基于面板数据的Malmquist指数模型,测量了广西14个地级市旅游业发展与民生综合发展的耦合协调度,以及旅游流驱动的民生效率。另一方面,引入英国国际发展署(DFID)的可持续生计框架,开展入户抽样,测量广西北部与南部两个典型乡村旅游地农户的五种生计资本及其生计产出,并利用DEA模型测量其投入产出效率。同时,深入探讨旅游流季节性波动对乡村旅游农户生计的影响。本书提出了广西旅游流驱动下的民生及生计优化策略。

　　本书的主要研究结论:第一,广西14个地级市的旅游业发展与民生综合发展的耦合协调度在2010~2019年基本保持平稳并向广西"南北黄金旅游线"城市集中,呈"一轴强,两翼弱"的态势。第二,采用两阶段超效率网络SBM模型(Super-NSBM),将旅游业对民生综合发展的作用分为旅游业先导发展阶段和旅游民生协同发展阶段,广西14个地级市的旅游流驱动的民生效率整体表现为"南北强,中西弱,自西向东阶梯增长"的基本格局。第三,在乡村层面,广西乡村旅游地农户家庭一般拥有坚实的社会资本和人力资本支撑,但农业在农户家庭生计中有弱化态势。第四,在多种生计策略中,以旅游业作为家庭主导生计策略的农户效率排名居中,表现良好。第五,旅游流季节性波动对乡村旅游地农户的生计有显著影响。

目 录
CONTENTS

1

导　论

1.1　研究背景

1.1.1　宏观政策日益关注旅游业的民生功能

　　旅游业作为国民经济中的战略性支柱产业，在提升民生福祉方面发挥着日益重要的作用。随着社会经济的快速发展和人民生活水平的不断提高，旅游业已成为日常生活的一部分，其民生功能在宏观层面越发凸显。近年来，国家对旅游业的民生效应给予了高度重视，出台了一系列政策文件强调旅游业的民生属性，并明确指出旅游业是面向民生的服务业。例如，2007 年发布的《国务院关于加快发展服务业的若干意见》将旅游定位为一种"面向民生的服务业"，强调了其在改善民众生活质量方面的重要作用。2009 年发布的《国务院关于加快发展旅游业的意见》将旅游业定位为"国民经济的战略性支柱产业和人民群众更加满意的现代服务业"，体现出国家对旅游业与民生密切相关性的认识。这一政策文件的出台，不仅是对旅游业重要性的再认定，也是对其在提升国民生活质量、促进社会和谐发展方面潜力的肯定。此外，2013 年 2 月国务院办公厅发布的《国民旅游休闲纲要 2013—2020 年》以"以人为本，服务民生"为指导思想，彰显了旅游休闲的国民性和民生性特征，强调了旅游业在提升国民生活水平和丰富文化生活方面的重要作用。2019 年发布的《国务院办公厅关于进一步激发文化和旅游消费潜力的意见》，更加明确地将旅游业与民生福祉相联系，提出"增强居民消费意愿"和"增强人民群众的获得感、幸福感"的目标，体现了旅游业在提升国民福祉方面的民生属性。这一政策文件的重点在于通过旅游消费的提升，进一步促进经济增长，同时通过丰富的旅游体验和高质量的服务，提升民众的生活质量和满意度。这种政策导向不仅有助于推动旅游业的持续健康发展，也反映了国家对提升民众幸福感和生活质量的重视。2023 年，文化和旅游部印发的《国内旅游提升计划（2023—2025 年）》旨在进一步释放旅游消费潜力，推动旅游业实现质的有效提升和量的合理增长，更好满足广大人民群众多层次旅游消费需求。

1.1.2 旅游业正重塑乡村旅游地居民生计

旅游业惠及民生更集中地体现在乡村旅游地农户的生计方面（Iorio and Corsale，2010）。乡村旅游是基于我国农村区域的一种休闲旅游业态，它也是乡村振兴、提振民生的重要组成部分。2017 年中央一号文件《中共中央　国务院关于深入推进农业供给侧结构性改革　加快培育农业农村发展新动能的若干意见》首次写入了"旅游+"，标志着以乡村休闲旅游为载体的大消费已成为不可或缺的经济支撑。在我国取得消灭绝对贫困的历史性成就，进入乡村振兴战略逐步实施的全新历史时期，旅游业已成为有条件的乡村实现"产业兴旺"的途径之一。迄今为止，乡村旅游开发主要是以"吃农家饭""干农家活""住农家院""玩农家乐""摘农家果""观农村景"等形式开展，休闲业态的发展切实为改善农村风貌、提高农民收入、促进就地就业和丰富休闲旅游市场做出了重要贡献。

旅游业发展对乡村旅游地居民生计的重塑，同时体现在经济层面和社会文化层面（马腾嶽、马群，2020）。在经济层面，乡村旅游作为一种新兴的经济活动，为传统以农业为主的乡村经济注入了新活力（罗明义，2010）。这种模式下，农民可通过提供住宿、餐饮、农事体验等服务，直接从旅游市场中获益。这种经济活动的多样化，不仅提高了农民的收入水平，也促进了他们从传统农业向旅游服务业的转型。此外，乡村旅游的发展还带动了相关产业链的成长，如土特产加工、手工艺品制作等，这些产业的兴起进一步丰富了农民的收入来源，有利于提升整个乡村地区的经济水平。在社会文化层面，旅游业的发展同样对乡村居民的生计产生了影响。乡村旅游促进了城乡间的文化交流和互动，这不仅提高了农民对自身传统文化的认识和自豪感，也促进了传统文化的保护和传承。例如，通过接待来自城市的游客，农民有机会展示和传播自己的民俗文化和传统技艺，这些文化元素得到更广泛的认可和尊重。乡村旅游的发展还改善了当地的基础设施和公共服务，不仅使乡村地区对游客更具吸引力，也极大改善了当地居民的生活条件(Dredge，2010)。

1.1.3 旅游流波动对旅游业不确定性的影响

旅游流对旅游业影响的不确定性呈现日益增强的趋势。传统上，国内旅游流、入境旅游流和出境旅游流是学者和行业从业者关注的主要焦点，它们在很大程度上决定了旅游目的地的经济效益、市场趋势和发展战略(李天顺、马耀峰，1999)。然而，近年来，季节性旅游流的波动开始受到更多关注。季节性波动对旅游目的地的运营管理、资源配置，以及市场营销策略等方面产生了显著影响。例如，在旅游旺季，需求的增加可能会带来资源的过度利用和环境压力；在旅游淡季，需求的减少则可能导致资源闲置和经济效益下降。这种波动性使旅游业本已日趋严峻的可持续性和稳定性面临更大挑战，要求管理者和决策者采取更加灵活和创新的方法来应对(Gössling et al.，2010)。

新冠疫情的暴发和持续演变给全球旅游业带来了前所未有的挑战，导致大量旅游地的"断流"现象。据世界旅游组织统计，2019年国际游客接待量下降了72%，2020年国际旅游收入下降了62%[①]。疫情期间的出行限制措施给旅游业带来了极具冲击力的影响，特别是对于依赖旅游的地区和国家来说。这种突如其来的变化不仅导致了旅游收入的大幅下降，也对旅游相关企业和从业者的生计造成了严重影响。疫情暴露了旅游业对于外部冲击的脆弱性，同时也促使业界重新思考如何增强旅游业的韧性和应对未来潜在危机的能力。这种对不确定性关注的增强，表明旅游业在全球化背景下面临的复杂性和挑战正在加剧。

1.1.4 广西已成为中国旅游大省

广西是中国旅游大省，在旅游业引领下民生综合发展方面是一个理想

---

① 参见世界旅游组织发布的《新冠疫情对全球旅游业的影响(2020—2022年)》。

的实证研究对象。广西位于我国南部，是历史悠久、拥有世界级旅游资源、生态环境优异的中国旅游大省。广西旅游业发展成绩斐然。2019 年，广西接待入境过夜游客 623.96 万人次，国际旅游（外汇）消费 35.11 亿美元；接待国内外游客 8.76 亿人次，旅游总消费实现万亿突破，达10241.44 亿元①。2020 年的新冠疫情对广西旅游业造成严重冲击，各项指标出现断崖式下跌，但随着新冠疫情逐步得到控制，人们出行的正常化让旅游业得到快速恢复和增长。加快广西旅游业发展，以全域旅游战略为引领，带动区域整体民生水平的全面提升，已成为广西地方政府工作的重要抓手之一。当前，为让全民共享旅游业发展的成果，实现旅游业从"景区旅游"转向"全域旅游"，广西壮族自治区文化和旅游厅、地方政府采取了一系列的措施。一方面，积极推进广西特色旅游名县的创建，从区域整体层面挖掘县域文化旅游特色，提升基础设施和旅游产品的文化内涵，推动县域旅游业及整个县域经济的提质升级。另一方面，按全域旅游的发展战略，以景点品质标准推进区域发展，按全域旅游标准创建广西全域旅游示范区和示范市。在全域旅游创建标准的带动下，形成处处是景观、处处可休闲，人民的民生居住环境稳步提升。截至目前，广西区域共有 81 个县（市、区）参加到全域旅游示范区的创建工作中，占据广西（市、区）总数的 72.97%。

1.2　研究目的与意义

1.2.1　研究目的

1.2.1.1　宏观层面上深入分析旅游流对广西居民生计的影响

　　本书旨在从宏观层面探讨旅游流如何影响广西居民的生计。重点研究旅游业的发展如何改变当地居民的就业结构、收入水平、生活质量及社会文化格局。通过对旅游流与居民生计间关系的系统分析，揭示旅游业发展

---

① 2019 年旅游主要指标数据通报［EB/OL］. 广西壮族自治区文化和旅游厅，http：//wlt. gxzf. gov. cn/zfxxgk/fdzdgknr/sjfb/zbsjt/t2236038. shtml，2020-01-20.

对广西整体经济社会的影响。

1.2.1.2 微观层面上分析旅游流对广西典型乡村旅游地农户生计资本及生计效率的影响

在针对旅游地农户生计方面,本书聚焦于旅游流对广西桂北地区和桂南地区典型乡村旅游地农户的具体影响。这包括分析旅游业发展如何改变农户的生计资本(如土地、劳动力、资金等),以及生计效率,特别是旅游活动如何成为农户收入和就业的新来源。

1.2.1.3 从季节性旅游流的视角分析其对乡村旅游地农户生计的影响

本书还将重点研究季节性旅游流的波动对乡村旅游地农户生计的影响。探讨在旅游旺季与淡季,农户生计如何应对游客数量和需求变化,以及这种季节性波动如何影响农户的收入稳定性和生计策略。

1.2.1.4 从规范视角提出应对旅游流波动情况下提高生计韧性的策略

本书在分析旅游流对农户生计的影响后,将提出策略以增强农户面对旅游流波动的生计韧性,这包括从不同视域下的影响,如何通过创意开发打造独特 IP、多元化经营、能力提升及政策支持等方式,帮助农户更好地适应旅游市场的变化,从而提高其生计的可持续性和稳定性。

1.2.2 研究意义

1.2.2.1 理论意义

旅游流所引发的民生效应及其效率测量,是旅游业外部性理论的重要拓展和深化。旅游业的发展给社会、经济、环境等带来一系列积极影响,使交通通畅、环境改善、民俗传承、民生获益,产生了社会净收益大于私人净收益的旅游外部性现象。对这种现象进行定量研究,并探讨其效率差异,是本书力求延伸的方向。在对旅游民生效应进行测量的过程中,本书以广西为例进行实证研究,分别从城市和乡村两个层面进行研究:在宏观城市区域层面构建两阶段投入产出网络模型进行分析,实现了以旅游流为中间变量的旅游民生效率(Efficiency of People's Livelihood Promoted by Tourism, ELT)测算;在微观乡村农户层面,实现了可持续生计框架下的农户生计的投入产出效率测算。上述测量模式为旅游的民生外部性理论提供了一种分析框架与研究方案。

1.2.2.2 实践意义

乡村地区旅游流与民生的关系及影响机制研究，为我国乡村振兴战略的实施提供了一种评估维度，也为民生导向下的广西乡村旅游发展策略提供了借鉴。"产业兴旺、生态宜居、乡风文明、治理有效、生活富裕"的乡村，就是使农业农村现代化得以实现的乡村，就是亿万农民获得幸福感，民生综合发展水平取得突出成效的乡村。随着党的十九大做出乡村振兴战略的重要部署，乡村振兴的理论发展和实践方案均处于实践探索和总结创新中。对发展乡村旅游具有比较优势的区域，用可持续生计框架评估乡村农户的生计资本，并采用效率的视角测量其投入与产出的关系，有望为乡村振兴提供一种评价维度。本书基于广西典型乡村旅游地的入户调查及据此提出的发展策略，也可为民生导向下的乡村旅游发展提供政策方面的借鉴。

1.3 研究方法与技术路线

1.3.1 研究方法

1.3.1.1 文献分析

全面梳理国内外旅游流、旅游与民生、旅游与生计等方面的最新研究文献，结合广西相关领域的政策实践，进行深入比较和归纳，以支撑本书研究对旅游业与民生综合发展的耦合、效率及其机理分析。

1.3.1.2 问卷抽样调查

本书基于"从旅游中进去，从民生中出来"的研究思路，基于可持续生计框架(Sustainable Livelihoods Approach，SLA)，对乡村旅游地居民的人力资本、自然资本、金融资本、物质资本和社会资本及其生计收入水平开展便利入户抽样调查，综合研究和探索在微观层面的乡村旅游经营农户民生状况。

1.3.1.3 定量研究

利用耦合协调度模型、两阶段超效率网络 SBM 模型(Super-NSBM)、Malmquist 指数模型测量广西多个城市区域的旅游业与民生综合发展间的量化关系。利用 DEA 的 CCR 模型和 BCC 模型测量乡村旅游地农户生计资本与产出的效率关系。

1.3.1.4 实证分析

在研究旅游业发展与民生综合发展程度的耦合协调度、效率，探索乡村旅游地农户的生计资本及其产出效率的研究中，本书以广西为例开展实证研究。本书在宏观层面选择了广西14个地级市，在微观层面选择了桂北和桂南两个典型乡村旅游地作为实证研究对象。

1.3.1.5 定性研究——扎根理论

本书在分析旅游流季节性波动对可持续生计影响的过程中采用扎根理论。扎根理论强调从资料中提升理论，通过对资料的深入分析，逐步形成理论框架，并可追溯理论产生的原始资料。本书将旅游流季节性波动作为重要因素纳入可持续生计框架，并构建旅游流季节性波动对乡村旅游地农户可持续生计影响的理论模型。

1.3.1.6 规范分析

在旅游业与民生发展的关系研究的基础上，提出评价阶段构架，并从不同层面探讨旅游民生发展与优化的应对策略。

1.3.2 技术路线

本书的技术路线如图1-1所示。

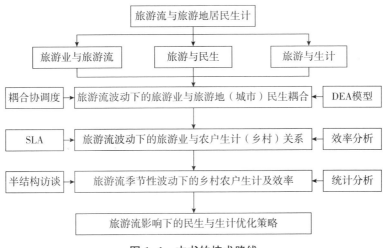

图1-1 本书的技术路线

1.4 研究拟创新点

本书基于旅游经济学、经济地理学等学科，在问卷调查与数据统计的基础上，引入数据包络分析的效率评价方法，开展一种新的评价模式——旅游民生效率评价。本书研究成果有望为政府推进旅游民生工程提供借鉴和支撑。本书研究的拟创新性主要体现在以下三个方面：

1.4.1 理论视角创新

本书将旅游流、旅游业、民生与效率结合起来，提出旅游民生效率的概念，并系统探讨其评价机理，有利于深化旅游业的外部性理论。本书认为，所谓旅游民生效率是指以旅游业为先导或支柱产业的宏观区域，在旅游流的综合影响下，旅游业与民生投入对区域民生综合产出之比。从效率的视角测量旅游业对民生综合发展的影响，是本书研究的贡献之一。

1.4.2 技术框架创新

在旅游民生效率的评价上，为充分考虑旅游业在促进民生水平提升过程中的过程逻辑和历史发展现实，采用两阶段超效率网络 SBM 模型（Super-NSBM）。这种方式突破了传统效率测量只考虑一阶段的"投入—产出"而忽略中间过程的测量，综合考虑了旅游业在我国作为先导产业的历史过程，突出游客异地移动形成的"旅游流"在民生改善过程中的中介作用，并结合民生财政对区域民生的支撑效应。这一框架清晰展示了旅游民生在不同阶段的效率表现，是技术应用框架的一种新尝试。

1.4.3 应对策略创新

本书在旅游民生优化的应对策略上是基于宏观与微观两个层面开展，基本涵盖了旅游流带动旅游地民生优化的不同尺度环境。其中，宏观层面上的旅游民生效率优化是一个系统工程，全域旅游的发展战略是重要的抓手之一；微观层面上则主要体现在乡村旅游地的农户生计上，其生计优化策略主要体现了生计渠道和策略的丰富性、提升部分生计资本及改善生计脆弱性等相应的帮扶机制上，为政府施政提供了一种新的策略组合视角。

2
相关文献回顾

2.1 相关概念

2.1.1 旅游流

　　旅游流是旅游地理学研究的重要内容(张佑印等,2013;谢彦君,2015)。早期,唐顺铁和郭来喜(1998)认为,旅游流是一种以旅游客流为中心的复杂系统,包括旅游的信息流、物流和能流。但谢彦君(1998)认为,对于旅游流的概念不应过于泛化,旅游流仍有更为具体的界定。谢彦君认为,旅游流是游客因满足旅游需求而形成的移动,而且是空间上集体性的位移现象。李永军(2005)结合了前人的提法,认为旅游流是一个概念体系,除上述概念中提到的要素外,还应包括旅游管理、促销和人才流等。张佑印等(2008)认为,旅游流包括客源地与目的地之间或与目的地之间的单双向客流、信息流、资金流、物质流、能量流和文化流。从以上众多研究可以看出,学界对旅游流概念的界定还未达成一致,学者间的观点差异较大,但总体上可从广义和狭义两个角度来界定,广义上的旅游流不仅包括旅游者的空间移动,还涵盖了旅游信息流、旅游物流、旅游能流等(刘玉,2014)。而狭义上的旅游流专指旅游者的空间流动,即旅游者从一个地点到另一个地点的移动过程(董培海等,2015)。

　　旅游流的相关概念包括旅游流向、旅游流量、旅游流速和旅游流程等。旅游流向是指旅游者选择的流动方向;旅游流量是指一定时间内到达同一旅游目的地的旅游者数量;旅游流速是指旅游者在目的地的停留时间；旅游流程是指旅游者从出发地到目的地再到返回地的整个移动过程。在旅游流的研究中，还涉及虚拟旅游流的概念。虚拟旅游流是指通过互联网进行的旅游信息搜索和获取，在一定程度上反映了潜在旅游者的需求倾向和区域间的旅游关联强度。尤其在新冠疫情影响下，虚拟旅游流的研究受到了更多关注，因为它可以作为现实旅游流的一个重要指标。

2.1.2　民生

"民生"这一术语，跨越时代和地域，一直是全球政治领袖和哲学家关注的核心议题之一。尽管其定义随环境和上下文而异，但仍有若干共通之处。在国际视野中，"民生"常用"福利"这个词来表述，这一概念经过漫长的思索、实际操作及其演变，已逐步深化和扩展。自公元前12世纪至公元前8世纪，"福利"初期被视作与"救济"相似的概念，在《伊利亚特》和《奥德赛》的史诗中反映了不公平交易带来的福利改变，以及经济学中探讨的财富与福利联系，宗教与俗世的福利逐步交织。遥远的古希腊时期，福利观念作为西方社会的一种新兴思想，被政治伦理学者用来描述民众的幸福及理想状态。在基督教影响力极大的中世纪，福利理念融合了宗教元素，既包括世俗的福利也涵盖宗教福利。自14世纪起至16世纪结束的文艺复兴时期，人文主义的兴起促使人们认识到"穷人亦应享有社会福利，接受合理的援助"，以济贫法的实施为标志，福利观念开始聚焦于人道主义方面的关注。到了20世纪末，福利研究开始强调个体与社会的整合，提出了"人类发展"的理念，强调个体的自由、能力及其对社会贡献间的联系。国际上对"福利"的理解，可指人们的生活状况或幸福指数，也可指满足人们的实际需求。对一个国家或地区居民福利水平的评估，既可从拥有资源数量的客观层面，也可从个人对社会的主观评价，如满意度和幸福感等方面进行。

在中国，"民生"这个术语横跨历史，深植于文化和政治讨论中。"民"在这里是指国家或地区内的所有居民，即人民、公民或群众，"生"则涉及生存、生活及其维持方式的各个方面。追溯到《左传》中的宣言，"民生"这一概念最初体现为，"民生在勤，勤则不匮"，强调了勤劳是保障人民基本生活的关键。《辞海》对民生的解释为，人民的基本生计与生活，古代如"文景之治""贞观之治"和"开元盛世"的时期，民生的状况与国家的繁荣昌盛密不可分，在中国传统观念中，"民生"特指人民的基本生活需求。随着我国历史的演变，民生的定义与内涵也逐渐呈现更为多样的层次。在近现代历史中，孙中山将"民生"定义为人民的生活、社会的生存、国民的生计及群众的生命，突出了以民生作为人类基本需求和欲望的本质，体现为一种对生存的主观认知。中华人民共和国成立后，中国共产党依据国家实际情况，从不同角度审视民生问题，提出了"共同富裕""三个代表""科学发展观"和"中国梦"等一系列以人为本的民生观念，构建了中国特色社会主义的民生理论体系。吴忠民（2008）将民生视为公众的基本生存状态、发展机会、能力及基本权利的保障。在此基础上，林祖华（2012）指出，民生应是一个包含物质、精神需求和制度保障的综合体系。

因此，当代"民生"概念可从广义与狭义上进行理解。广义上，"民生"包含所有直接或间接影响民众的事务，由于其宽泛的涵盖范围，这一概念在具体政策实施和生活实践中显得抽象，难以操作。相比之下，狭义的"民生"，如吴忠民（2008）所述，更注重人们的基本生活与生存状况，以及发展机会、能力和权利保护等具体方面。这一定义因其准确性和可操作性，在政策制定与执行中更为常用。

2.1.3 生计与可持续生计

"生计"这一术语的形成背后，是国际学界对贫困议题日益深入的探讨。早期的贫困研究重点关注贫困人口因收入不足而无法满足基本生活需求的现象，随后，研究的焦点扩展到探讨贫困产生的根本原因，贫困的衡量也从单一的经济维度发展到了包括发展能力在内的多维度评估（Krantz，2001）。基于这样的研究背景，"生计"被看作个体或群体为生存和发展，在特定的环境条件下所做出的生活方式选择，这些选择直接影响了他们的生活条件。研究"生计"的终极目标是探讨如何能够持续有效地提供更好的生计方式，由此便导入"生计的可持续性"的概念，通常情况下，"生计"和"可持续生计"的研究是紧密结合的，它们是民生研究在微观层面的具体体现。

关于"生计"及其"可持续生计"的定义，因学科特性、研究目标的不同而存在差异。1987 年，世界环境与发展委员会（WCED）对这两个概念进行界定，认为"生计"包含满足基本需求的食物和资金资源，而"可持续生计"涉及能够确保资源长期生产力提升、稳定收入和多样化活动，以维持家庭的长期生计安全（Brundtland and Khalid，1987）。1992 年，Chambers 和 Conway 进一步拓宽了这一定义，他们的解释被广泛接受并直接被大多数后续的研究采用，尤其是英国国际发展署（DFID）。他们认为"生计"基于能力、资产（如储蓄、资源、诉求和手段）及活动，而"可持续生计"意味着在遭受压力和冲击时，不仅能恢复，还能维持或提升能力和增加资产，并为后代提供持续谋生的机会，同时为当地乃至全球其他生计方式带来长远的正面影响。这一定义突出了发展能力的贫困问题，即个体选择和完成生计活动能力的缺乏，并考量了资产与选择之间的关系。此后，"能力"成了"生计"研究中的一个关键词，是指人们实现生计的各种功能（Sen，1997）和个体所拥有的有形与无形资产，这些资产决定了个体的生计能力（Scoones，1998）。同时，"生计"被看作人们在自然与社会环境互动中所做出的选择（罗康隆，2004），这些选择会受到科技进步等多种因素的影响（孙秋云，2004）。

上述对"生计"概念的阐述，不仅为研究者在探索乡村、社区贫困问题时提供了一个清晰的理论视角，更随着不同研究角度的加入，"生计"的概念和外延也在逐渐丰富和完善，增强了其包容性和解释力。为与主流研究保持一致，本书主要采用 Chambers 和 Conway（1992）关于"生计"和"可持续生计"的释义。该定义的生计构成及关系如图 2-1 所示。

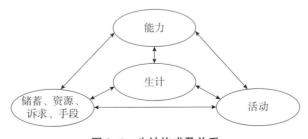

图 2-1　生计构成及关系

2.2 旅游流国内外研究现状

2.2.1 国外期刊文献研究现状

2.2.1.1 旅游流时空结构与分布

国外期刊文献关于旅游流时空结构与分布的文献主题较为宽泛。Domènech 和 Gutiérrez(2017)利用 GIS 分析工具评估了旅游目的地的公共交通有效性和空间覆盖率，并分析公共交通覆盖率与旅游流集中地区的相互关系。Chua 等(2016)依据现有技术发展，基于社交网络平台数据的地理标记信息研究意大利南部旅游城市的旅游流空间、时间和人口特征。当较多人关注某个城市的旅游流特征时，学者也开始思考旅游流在一些较为特殊的区域呈现的特征。因此，Aleknavičius 等(2020)选择立陶宛—波兰的跨境地区，利用重力模型分析该地区的空间交互作用，阐释该地的旅游发展并发现此地的旅游市场仍处在整合过程中。除以上的研究外，Bendle(2018)对东南亚国家的大型旅游线路还进行网络分析，Beritelli 等(2020)探讨旅游流的出现与演变并提出旅游规划建议。Kádár 和 Gede(2021)通过网络分析和聚类算法，揭示了多瑙河地区由不同的旅游目的地集群构成，并揭示了国界对游客跨区域流动的强烈屏蔽效应。旅游流及游客时空分布，不但可用于国际旅游竞争力分析，而且对营销设计和旅游地管理都有积极的实践意义(de la Peña et al.，2019；Xu et al.，2020)。

2.2.1.2 旅游流影响因素

在国家或城市层面的研究中，国外学者大多选取某一地区，针对该旅游目的地的整体情况来筛选一系列可能会影响旅游流的相关因素并进行论证分析。Timothy 和 Kim(2015)从中韩的旅游关系出发，梳理了中韩跨境旅游进展，并在此基础上分析了政治、经济、国家安全，以及文化合作对两国跨境旅游的影响。Massidda 和 Etzo(2012)选择意大利作为案例地，利用面板数据估计调查了意大利旅游流的主要影响因素。他们从国家整体和南北分区两个方面开展研究，从总体来看，传统经济变量是决定因素，而南北分区城市对影响因素的敏感性存在差异，如南方游客对环境更加敏感，而北方游客对文化活动有更高的兴趣。可见，在跨境旅游活动中，宏观因素更引起学者的关注，两国政策和国家安全性也被纳入考虑范围内；而非跨境旅游更多的关注旅游目的地本身的吸引力。除针对不同国家进行影响因素的研究外，还有研究针对同一国家的旅游流向影响因素展开探讨，即关注旅游流的流入与流出。如 Eryiğit 等（2010）选择土耳其为研究案例地，基于重力模型对土耳其入境旅游流的 11 个影响因素进行评估，并得出了可以解释大部分数据的八因子模型；Halicioglu（2010）则对土耳其的出境旅游影响因素进行分析，发现出境旅游主要跟实际收入和相对价格相关，并且收入具有更强的影响作用。

　　在具体影响因素层面，学者往往关注某一具体的因素所带来的影响。其中，金融与经济等因素是国外研究的热点。对于金融与经济方面，学者通常考虑到相对价格、汇率和经济危机等具体影响因素。如 Seetanah 等（2015）针对相对价格的影响，利用动态时间序列分析评估了毛里求斯的旅游流发展，发现相对价格产生了长期的影响，游客对价格水平较为敏感。Khalid 等（2020）结合社会经济情况，分析经济与金融危机对旅游流的影响作用。Mertzanis 和 Papastathopoulos（2021）构建流行病学易感性风险指数来预测疾病流行造成的公共安全事件对旅游流造成的影响。除研究上述因素外，还有许多学者从新的视角出发，分别研究天气与气候（Agnew and Palutikof，2006；Rosselló-Nadal et al.，2011）、国家文化（Vietze，2012）、大型体育赛事（Fourie and Santana-Gallego，2011）、非官方语言（Okafor et al.，2018）、生态标签（Cerqua，2017）、供应链（Ţigu and Călăreţu，2013）、社会经济（Yerdelen et al.，2019）等各类影响因素在旅游流中起到的作用。

2.2.1.3　旅游需求

　　国外期刊文献对于旅游需求的研究多集中于需求的预测和影响因素。对旅游需求预测能够更好地协调旅游供需关系，帮助旅游目的地合理规划旅游设施、交通与人员分配等。Assaf 等（2019）基于贝叶斯向量自回归模型，提出了系统的旅游需求预测方法，并通过实证研究证明了 BGVAR 模型在预测旅游需求方面的优势。Chu（2009）利用自回归滑动平均模型进行旅游需求预测，并以九个旅游目的地的数据检测预测性能，发现总体预测效果较好。Petropoulos 等（2003）提出旅游需求分析和预测模型与创新决策支持系统。Coshall 和 Charlesworth（2011）提出了一种灵活的模型组合预测方法。以上研究成果关注能够准确预测旅游需求的模型，尽管不同学者使用的模型有所不同，但大多都能取得较好的预测效果。但除了仅关注于模型的使用，还有其他方面的旅游需求预测问题需解决。Vergori（2017）提出季节性不仅会影响旅游流量，同时也会影响旅游需求预测结果的想法，在此基础上通过研究，发现季节性越强则预测结果越不可靠的结论。Liu 等（2021）基于旅游需求增长模式对旅游市场进行细分，以帮助实现旅游目的地智能化管理。甚至在一个旅游业发达的国家内，旅游需求在各内部区域也会存在差异（Marco-Lajara et al.，2014）。

2.2.1.4 旅游流效应

旅游流所引发的效应，实质上也是旅游者及旅游业的相关活动所引发的一系列影响，一般分为经济效应、环境效应和社会文化效应。其中，旅游流的经济效应包括旅游活动促进经济发展、增加外汇收入等方面。一方面，从旅游流和国际贸易的关系来看，两者间存在一定的相关关系（Shan and Wilson，2001；Çalışkan et al.，2019；Santana-Gallego et al.，2016）。特别是旅游流在促进进出口方面，有研究指出旅游流影响了欧洲差异化产品的出口（El-Sahli，2018）。另一方面，旅游流对欧洲区域生产效率、无形资产、基础设施和德国房价等都具有一定的积极促进作用（Marrocu and Paci，2011；Churchill et al.，2022）。

旅游流的环境效应包括旅游活动对环境产生的各种影响。这种影响在一些以自然景观为主的旅游目的地体现得更加明显，如乡村文化旅游区、风景名胜景区等，旅游流在带来一定经济效应的同时也会引起一些环境变化。Malik 和 Bhat（2015）的研究通过应用自然和经济的多标准评估方法，将喜马拉雅地区的热门旅游目的地克什米尔划分为三个具有不同旅游发展潜力的区域，并指出旅游对环境的负面影响可以通过合理调控旅游承载力来有效缓解。Worobiec 等（2008）的研究扩展了旅游流环境效应的探讨范围，通过以克拉科夫瓦维尔城堡为案例地，收集并分析了悬浮颗粒物样本，阐释了旅游流聚集对小范围气候变化的影响，特别是夏季期间颗粒物浓度显著升高，从而证实了旅游活动与局部气候条件间的关联性。

旅游流的社会文化效应是指旅游者流动对旅游目的地的社会结构、生活方式及文化特征所产生的广泛影响。由于旅游者在短期内的大规模聚集，旅游目的地不可避免地面临社会文化压力，这种压力不仅对当地的社会结构构成挑战，也对居民的日常生活模式产生显著影响。García-Hernández 等（2017）通过案例分析方法，对欧洲若干历史城市中心进行了深入评估，探究了旅游压力对这些历史城市景观保护的影响机制。此外，旅游者大量涌入所引发的交通拥堵和城市承载力问题，如 Saenz-de-Miera 和 Rosselló（2012）、Saveriades（2000）所指出的游客涌入带来的效应，已成为学术界研究的焦点。在对旅游目的地社会文化变化的广泛研究中，Tokarchuk 等（2017）进一步扩展了研究视野，聚焦旅游流对城市居民及其生活方式的具体影响。其通过评估德国十座城市的情况，揭示了旅游者涌入对居民福祉的潜在冲击，并据此提出了一系列针对性的改进措施，旨在提升居民的生活质量，从而为实现旅游发展与城市居民福祉间的和谐共生提供了实证基础和策略指导。此外，还有一些研究揭示了旅游流对人们的福祉发挥的作用，与人的年龄和财务状况有关（Ratz and Michalko，2011）。

2.2.2 国内期刊文献研究现状

2.2.2.1 旅游流时间特征

旅游流的时间特征研究，涵盖了长期时间变化规律和季节性特征。旅游流长期时间变化规律描述了长时间内旅游流的变化趋势。在地区尺度上，国内研究通常分为四类：出入境研究、特定区域研究、省市研究及具体景点研究。例如，在出入境尺度上，高楠等（2020）结合世界遗产依附地的发展，应用耦合协调模型和广义矩估计分析，探讨了入境旅游流与遗产依附地的时空特征，发现两系统的发展水平呈波动上升趋势。在"一带一路"背景下，魏卫等（2021）通过年际变动指数和集中指数发现入境旅游流的波动趋势与中国整体入境旅游流趋势相符。特定区域如长江三角洲和西部地区的研究侧重时空演变特征，如刘宏盈和马耀峰（2009）分析了上海入境旅游流向西部省份的转移。省（市）层面的研究则侧重旅游热点，如昆明、西安、南京、河南、洛阳等，研究者通常将长期时间变化规律与入境旅游流结合，为地区旅游流管理提供指导（张阳生、张红，2000；唐佳、李君轶，2016；丁正山，2004；沈振剑，2005；闫闪闪等，2017）。在具体景点研究方面，如颜磊等（2009）使用指数和小波分析工具研究九寨沟的旅游流特征，发现年内尺度上旅游流呈三峰型分布，月度尺度波动较小。这些研究为理解旅游流的时间动态提供了多角度视野。

旅游流季节性特征分为自然季节性和社会季节性两大类。自然季节性特征主要受气温、天气及季节变化的影响（Butler，2001），而社会季节性特征由宗教民俗、社会制度和行业特点等社会活动引起。基于这些认识，国内学者进一步探索了影响旅游流季节性变化的各种因素。例如，王奕祺等（2012）通过快速样本聚类法和基尼指数等方法研究港澳台入境旅游流的季节性特征，发现其季节分布呈四峰型，其中港澳显示为"双W形"，中国台湾则为"双M形"，并指出与自然因素相比，制度因素对港澳台旅游流波动的影响更为显著。此外，钟静等（2007）以西递、周庄为案例地进行研究，戢晓峰等（2018）以云南省为例，孙晓东等（2019）则选取上海作为研究地，冯学钢等（2015）以22个热点旅游城市为例，这些研究均旨在描述不同地区的旅游流季节性特征，为理解旅游流的季节性动态提供了区域视角。

时间特征是旅游流研究中的一个重要方面，理解其变动规律和季节性特征对目的地的管理、规划和建设有重要意义，对旅游业的发展有显著影响。已有文献显示，与旅游流时间特征研究相结合的热点包括出入境数据的分析。研究方法如小波分析、基尼系数、季节变动指数和年际变动指数等已被广泛运用，近年来还出现了如X-12-ARIMA模型、过饱和旅游流应急疏散等视角，这些工具、技术或视角帮助深化了对旅游流时间动态的理解（戢晓峰等，2013）。

2.2.2.2 旅游流空间特征

在旅游流空间特征理论研究方面，形成了圈层结构理论、核心边缘理论、空间扩散理论等基本理论（钟士恩等，2010）。在上述理论指导下，国内旅游流空间特征的实证研究主要集中在出入境、特定区域、省市及具体景点四个尺度（闫闪闪、靳诚，2020）。唐澜等（2012）采用社会网络分析法研究中国入境商务旅游流的空间分布特征，结果显示，广州、上海、北京和香港四大城市间形成了较为紧密的商务旅游网络和较大的旅游流量；长三角和珠三角的部分城市也表现出紧密的联系。庞闻和马耀峰（2010）研究指出，中国入境旅游流的分布趋势正从帕累托分布向齐夫分布转变。徐雨利和李振亭（2019）揭示了旅游流空间分布模式的演变。此外，学者对特定区域的研究广泛，涉及鲁南经济带（范淑青等，2009）、长江三角洲（杜家祺等，2021）等地。凌秋霞等（2021）关注川藏铁路沿线重要旅游城市的空间分布特征，采用旅游场强分析和社会网络分析方法，发现旅游流主要集中在东部，而西部较为稀疏。省市层面的研究集中在昆明、三亚、北京等旅游热点，张阳生和张红（2000）利用 Visual Fox Pro 软件分析昆明与其他11 个城市间的旅游流动模式。宣国富等（2004）研究三亚的旅游客流空间特性，发现客流市场分布广泛。城市间的差异性导致各展其特，采用如重力模型、空间潜力模型、密度聚类、马尔科夫随机链等方法。针对特定景区如主题公园和游乐场的研究方面，杨钊等（2021）的研究显示，场所类型和时间段的不同导致客流空间分布的显著差异。黄震方等（2008）则揭示了生态旅游区旅游流的时空特征。任瑞萍（2020）分析了五台山景区旅游流的空间结构。这些研究为理解和优化旅游目的地的空间管理提供了多样化的视角和方法，也进一步加速了对已有理论的批判性思考（钟士恩等，2009）。

研究旅游流的空间聚集与扩散主要集中在入境旅游流的聚散特征。刘宏盈（2010）在研究中关注入境旅游流向西安的扩散及其经济效应，通过案例分析揭示了长江三角洲入境旅游流向西安的扩散对西安外汇收入和两地旅游联系的影响。聂献忠和刘泽华（2005）则探讨了主题旅游区的旅游流聚集特征、模式及其聚集效应，目的是帮助相关部门优化旅游规划，推动主题旅游集群的国际化。此外，更多的研究聚焦于区域旅游流的空间聚散特征，如上海旅游流西向扩散特征（刘宏盈、马耀峰，2008）、广东旅游流西向扩散特征（马耀峰等，2009）、北京入境旅游流的扩散特征（王永明等，2011），以及国内不同区域间旅游流的聚集和扩散分析（李馥利等，2009；王永明等，2010）。早期的研究成果较多，尤其是以马耀峰为核心的研究团体，常采用各种反映旅游流聚散特征的指标，如游客转移态指数、转移密度指数、市场竞争态指数等，并基于这些数据进行深入分析。这类研究丰富了旅游流空间特征的理论，为实际管理和规划提供了借鉴。

2.2.2.3　旅游流网络结构

相较于国外的旅游流网络结构研究，尽管国内在这一领域的探索起步较晚，但近十年来相关研究成果逐渐增多。目前，国内的研究主要从全国、特定区域、省域和市域四个尺度进行，聚焦旅游流网络结构的特征及其演变，并在此基础上，部分研究进一步分析了旅游流网络结构的影响因素和驱动机制，这些对于理解和优化我国的旅游流网络结构提供了理论支持。

旅游流网络结构研究成果如表 2-1 所示。

表 2-1　旅游流网络结构研究成果

旅游流网络结构特征	全国	刘法建等（2010）、虞虎等（2015）、周慧玲和王甫园（2020）、马丽君和邓思凡（2021）
	特定区域	珠三角洲：陈浩等（2011）；高铁沿线：汪德根等（2015）、李磊等（2020）；长三角洲：徐敏等（2018）；红色旅游区：丛丽等（2021）、李磊等（2021）；成渝城市群：刘大均和陈君子（2020）；中国游客赴泰国：阮文奇等（2018）
	省域	湖北省：付琼鸽等（2015）；河南省：陈梅花和路军慧（2017）、王淑华和董引引（2021）；江苏省：濮蓉等（2021）；云南省：韩剑磊等（2021）、韩剑磊和明庆忠（2020）
	市域	北京：吴晋峰和潘旭莉（2010）、王奕祺等（2014）、周李等（2020）、赵明煜和刘建国（2020）；西安：张妍妍等（2014）；杭州：林文辉等（2016）；恩施：李亚娟等（2019）；上海：蔚海燕等（2018）、李倩和曲凌雁（2021）；洛阳：闫闪闪和靳诚（2019）；厦门：李蕊蕊等（2019）；广州：刘益和滕梦秦（2021）；武夷山：林育彬等（2021）；锦州：赵明成等（2019）
旅游流网络结构演变	全国	马耀峰等（2014）
	特定区域	长三角洲：干青亚等（2016）；成渝城市群：刘大均和陈君子（2020）
	省域	浙江省：琚胜利等（2015）
	市域	杭州市：李晶和葛玉辉（2021）

由表 2-1 可知，目前学者对旅游流网络结构特征和演变的研究聚焦在不同的研究尺度上。特定区域的研究通常集中在长三角洲和珠三角洲，同时红色旅游区和高铁沿线区域也成为近年来的研究热点。此外，东部沿海城市（程雪兰等，2021）和黄河流域城市（吴姗姗等，2020）也受到一些学者

的关注。在研究方法方面，大多数学者采用 Python 爬取数据，并利用社会网络分析法、GIS 空间分析等方法进行数据处理和分析，少数研究还结合了 QAP 相关分析和修正引力模型。随着信息化社会的发展，近年来的研究引入了许多数据获取方式，如数字足迹、电信数据和网络游记等，这不仅拓展了研究数据的获取渠道，也为旅游流网络结构研究提供了新的视角和方法。

2.2.2.4　旅游流影响因素

当前，国内关于旅游流影响因素的研究主要分为国际关系影响、气候影响和其他因素三个类别。国际关系对旅游流的影响方面，王洁洁等（2009）通过分析近 20 年的中美关系及其危机事件，探讨了这些因素如何影响两国间的旅游流动。卞显红等（2011）研究了中韩交流事件对旅游流的影响，同时，"海上丝绸之路"的倡议也被证明对中国的旅游流有显著影响。朱晓翔（2017）指出，距离、交通方式、签证便利性及旅游目的地的安全性是影响跨国旺季市场的关键因素，而经济水平和人口数量是造成国家间旅游市场关系不对等的主要原因。在宏观层面，国家关系和政策变化对跨境旅游流有直接影响，这些往往是企业难以控制的因素，需要企业密切关注以减少潜在风险和损失。在气候影响方面，席建超等（2011）采用 Lars Hein 的气候—旅游模型研究了全球气候变化对中国南方五省的影响，发现虽然对游客总数影响较小，但季节分布受到较大影响。杨军辉和李同昇（2014）以桂林为例，研究了气候舒适度对旅游流的影响，发现除一月外，其余月的舒适气候与旅游客流量高峰相吻合。此外，其他影响因素包括文化距离（刘祥艳等，2018）、雾霾（徐冬等，2019）和经济联系强度（刘宏盈等，2008）。

2.2.2.5　旅游流驱动机制

研究旅游流的驱动机制揭示了影响旅游流动的深层原因，对城市旅游规划和旅游业的发展构筑有重要意义。国内学者普遍采用心理学中的推—拉理论来分析旅游流的驱动机制。这一理论区分了旅游动机产生的两个关键因素：推动因素和吸引因素。推动因素通常源于内在的不平衡或紧张状态，催生旅游愿望；而吸引因素与目的地的特征及其吸引力相关，是基于旅游者对目的地属性的认知而形成的，进而影响目的地的选择（张宏梅、陆林，2005）。杨兴柱等（2011）通过文献分析法和系统归纳法对推—拉理论及旅游流形成的基础理论进行了深入分析，并构建了一个旅游流形成机制的概念模型。郑鹏等（2010）基于推—拉理论使用因子分析和单因素方差分析，识别了影响美国游客来华的主要推动力和吸引力因素，并进行了关联度分析。此外，还有学者聚焦特定城市或地区的旅游流驱动因素研究。例如，张佑印等（2012）在对北京市的研究中，利用政府数据分析发现旅游流主要受传统旅游路线的驱动，而新兴旅游区的吸引力较小。闫闪闪和靳诚（2019）以洛阳为背景，通过结构方程模型分析出休闲放松需求是市域旅游流的主要内部推动力，第三方推荐作为外部推动力，而景区核心吸引物提供了显著的拉力。自 Crompton 最初将推—拉理论应用于休闲游客出行动机研究以来，该理论已成为学者探讨旅游流驱动机制的关键框架（郑鹏等，2014）。

2.2.2.6　旅游流耦合关系

系统耦合研究，最初在物理学中被用来描述两个或多个系统或运动模式通过相互作用、相互影响，以实现协同效应的现象。随着研究的深入发展，耦合概念已被广泛应用于生物学、农学、地理学、旅游学等多个学科（张柳等，2011）。在旅游流研究领域，学者主要关注信息流与旅游流之间的耦合关系。例如，杨敏等（2012）通过文本分析和质性分析方法探讨了澳大利亚入境旅游流与网络信息间的耦合关系，发现两者间呈现"网络推荐强度高引发旅游流强度高，推荐弱则旅游流弱"的关系。方世巧等（2012）在西安 A 级景区的研究中，使用线性加权法发现信息流与旅游流的耦合协调度虽然逐年增强，但与高协调度水平相较还有差距。冯娜和李君轶、韩剑磊和明庆忠也从不同角度分析了信息流与旅游流间的耦合关系。在更广义的旅游流概念中，一些学者认为旅游流不仅包括客流，还涵盖信息流、物流、能流等组成的复杂系统。因此，虽然信息流与旅游客流的耦合关系已被广泛研究，但其他方面如进出口贸易（包富华、陈瑛，2019）、文化演艺（张琰飞、朱海英，2014）、目的地系统（刘军胜、马耀峰，2017；张春晖等，2016）、快速交通系统（曹芳东等，2021；郭向阳等，2019；胡静等，2019），以及品牌旅游资源竞争力（赵书虹、白梦，2020）等因素的耦合研究正成为新的研究方向。总之，在旅游流研究的当前阶段，旅游流与相关主题的关联性耦合研究已成为备受关注的内容（窦海萍、吴慧平，2021），且未来有待从学科交叉的视角深化(骆登山等，2021)。

2.3　旅游与民生的国内外研究现状

民生关乎国民的生计与生活水平，是公众高度关注的重要议题之一。旅游业作为一项服务于民生的行业，代表了更高层次的生活追求。因此，旅游与民生的关系已逐渐成为学术研究的热点(马波，2010)。

2.3.1　国外期刊文献研究现状

在国际范围内，"民生"研究的学者通常利用"福利"这一概念来进行探讨。评估一个国家或地区居民福利状况的方法，通常涉及客观与主观两个维度。这不仅包括个人拥有的资源数量，还包括个人对社会的感受，如满意度和幸福感等。20世纪末，福利研究开始将个人与社会结合，提出了"人类发展"的理念，强调个人自由、能力，以及对社会的贡献间的相互关系。关于旅游业与民生的关系，国际范围内的研究有漫长的历史。早在1899年，意大利学者鲍德奥便探究了外国游客进入意大利的移动和消费模式，从而开始关注旅游业发展的社会经济影响。1963年，Nunez就对墨西哥一个发展旅游业的山村进行了案例研究，探讨旅游业对社会文化的影响。从那时起，学术界着手对旅游业的影响展开更为精细的探究，尤其是其对民生的影响，主要从以下几个方面展开讨论：

2.3.1.1　旅游业引起的民生正效应

旅游业对民生的正面影响是国际实证研究的重点。例如，Iorio 和 Corsale 通过定性研究发现，罗马尼亚乡村旅游的发展显著改善了当地居民的生活，他们建议政府应更积极支持社区居民开展家庭旅游业务。同样，Mbaiwa(2011)在研究博茨瓦纳奥卡万戈三角洲地区时，观察到旅游业的发展促进了当地传统生活方式的变革。

旅游业对民生的具体影响主要体现在增加就业机会和提高收入两个方面。Liu 和 Wall(2006)的研究表明，旅游业提高了目的地女性居民的就业能力。Ross 和 Wall(1999)证实旅游业能够改善居民的经济状况，即提高居民的经济收入。Chesney 和 Hazari(2003)探讨了旅游业在有非法移民的国家中，对提高本地居民福利的重要作用。Ratz 和 Michalko(2011)利用匈牙利的统计数据分析了旅游业对民众幸福感和福利水平的影响，发现年龄和财务状况是重要影响因素。Kumar 和 Devi(2010)以梅加拉亚邦为例，指出基于资源的旅游业对当地居民福利有显著影响，特别是对从事酒店业和旅游消费的女性。Meena 和 Das(2012)研究了印度东北部特里普拉邦，发现生态旅游业的发展提高了当地居民的社会经济地位，并促进了就业。

旅游业在城市和乡村地区带来的福利状况有所不同。Gaxiola 和 Castro(2017)指出，相较于城市，旅游业对农村人口的福利水平有更大的正面影响。此外，Yergeau(2020)发现与非自营职业的家庭相比，从事旅游业相关自营职业的家庭消费水平更高，表明旅游业对社区福利产生了正外部性。这类研究表明，旅游业的发展对提升当地居民的福利状况、推动经济发展和增加就业机会起到了积极作用。

2.3.1.2 旅游业引起民生负效应

旅游业对当地福利的影响并非总是正面的。Sheng 和 Tsui(2009)指出，旅游收入的增加有时会带来社会、经济和生态的负外部效应，这些效应可能削弱旅游目的地居民的福利。在社会方面，Perdue 等(1999)发现，尽管博彩旅游项目增加了个人收入和就业机会，但也带来了交通拥堵等负面效应。Urtasun 和 Gutiérrez(2006)认为，旅游业的发展可能会加剧赌博、吸毒、卖淫等犯罪活动，从而抵消旅游收入增长的正面社会影响。Dredge(2010)观察到，旅游业的发展对私人投资有积极影响，但对社会公众利益可能产生负面影响。在经济方面，Sheng(2011)认为旅游业的发展可能会导致物价上涨、生活成本增加、产业替代和收入分配不均。Hazari 和 Lin(2011)提出，旅游业的发展可能导致贫富分化，建议征收旅游税来补贴低收入者，以保持当地居民的福利水平。Needham 和 Szuster(2011)指出，旅游业的"漏出效应"可能会抵消旅游收入增长对社会福利的积极影响。在生态环境方面，Geneletti 和 Dawa(2009)强调了旅游业发展对生态环境和能源消耗的负面影响，这些影响可能会降低当地的社会幸福指数。总的来说，虽然旅游业的发展带来了经济收入和就业机会的增加，促进了消费能力的提升，但同时也伴随生态环境恶化、收入分配不均、社会文化分异，以及产业经济结构不均衡等负面效应，对当地居民的社会福利产生了显著的负面影响。

2.3.1.3 旅游业的民生效应影响因素

国外期刊文献研究表明，旅游业对民生的影响受多种因素和机理的影响。Lankford 和 Howard（1994）通过设计指标体系分析了人口学因素对旅游民生效应的重要性。Milman 和 Pizam（1988）强调了利益关系、开发规模和社区参与对旅游民生效应的影响。Tosun（2002）的研究集中在居民对旅游业态度的影响上。Guo 等（2006）进一步分析了这些变量间的相互作用，认为它们的组合是形成旅游民生效应的机理。Urtasun 和 Gutiérrez（2006）采用了 12 个不完全指标和 1 个完全指标来评估目的地的福利状况，发现旅游发展规模、旅游收入的分配不均衡，以及经济整体发展水平是影响当地福利水平的直接因素。Chao 等（2012）关注了旅游发展中的环境问题，提出在经济发展过程中，实施更严格的环境管制政策可以减少工资不平等，从而增加福利，这在一定程度上证实了生态环境管理对民生效应的积极影响。

2.3.2 国内期刊文献研究现状

国内关于旅游业与民生改善内在关系的研究起步较晚，直至 2010 年"两会"提及民生问题后，《旅游学刊》组织了一系列专家围绕"旅游与民生"这一主题进行了深入探讨，并引起了学术界的广泛关注。此后，相关研究逐渐增多，目前该领域研究已深入多个领域，包括旅游与民生的关系、旅游民生效应的模型与指标构建，以及旅游民生改善策略等方面（汪宇明，2010；王朝辉，2010；王艳平，2010；张辉、王燕，2010；郑世卿，2010）。

2.3.2.1 旅游和民生的关系

旅游与民生的关系深刻且复杂，从某种意义上说，旅游可看作一种高层次的民生活动，两者存在诸多交叉和一致之处。肖飞（2010）认为，旅游作为一种独特的社会行为，不仅是民生的现实依据，也是其重要组成部分。崔凤军（2010）在探讨民生"八字"中的"乐"字时，强调了旅游等娱乐行为在民生中的重要角色。朱国兴（2010）进一步指出，旅游与民生的结合不仅能推动社会发展、提高国民素质、激发创造力、增强民族认同感和归属感，还能提升旅游地居民的思想观念和文明程度，呈现出旅游发展的深远民生意义。刘锋(2010)则认为，旅游代表了追求"精神和文化"的更高层次的民生活动，能在一定程度上消除文化上的"贫困"。张凌云(2010)提出，带有公益属性的旅游形式，如志愿者旅游和慈善旅游，也是推动民生工程建设的重要力量。朱金林(2011)认为，旅游与民生在经济、政治、社会和文化方面均有密切关联，众多学者通过分析讨论这些关系，集中体现在旅游与民生在经济、社会、生态环境间的互动。旅游业对提高经济收入、满足群众生活需求、提升生活水平、构建和谐社会，以及生态环境保护具有显著作用，同时也促进个人发展能力的提高，体现出旅游与民生的紧密关联(见表2-2)。这些功能反映了旅游业在促进经济和社会发展中的多重价值，凸显其在现代社会中的重要地位。

表2-2 旅游与民生关系的研究层面

作者与年份	经济方面	社会方面	生态环境方面	个人方面
陈玥彤等(2020)	增加经济收入；更多投资和消费	基础设施完善	生态环境保护；村容村貌美化	个人能力提升
赖斌(2017)	正向影响	正向影响	负向影响	—
曹诗图和刘雪珍(2012)	解决就业和"三农"问题；促进区域协调发展	构建和谐社会	—	—
马耀峰(2010)	促进经济发展；提高生活质量	构建和谐社会；提升文明素质	保护生态环境	—
范业正(2010)	不发达地区脱贫重要手段；提升当地居民生活水平	—	—	—
崔凤军(2010)	增加就业；提升生活质量	提升素质；提升社会协调度	—	—

2.3.2.2 旅游民生效应模型与指标的构建

为更有效地测算和分析旅游业在促进民生方面的实际效应，部分学者基于实际问题研究，构建了衡量旅游发展对民生效应的模型和指标体系。

例如，麻学锋和孙根年(2011)针对"旅游孤岛现象"，构建了"旅游发展的居民福利改善模型"。该模型关联了旅游业发展、区域经济增长、政府财力增强与民生福利改善，并以张家界为例，运用了居民收入增长弹性系数、森指数、基尼系数、居民收入比指数、消费差距比指数和旅游服务密度指数6个指标对民生福利改善情况进行了分析(见图2-2)。同样以张家界为研究对象，鲁明勇(2011)采用旅游效应评价指标体系作为基础，结合民生效应评价指标，建立了一个旅游业民生效应评价的指标体系框架。这些研究成果为未来学者在旅游民生效应领域的深化研究提供了重要的参考指标体系。

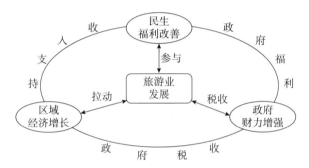

图2-2 旅游发展的居民福利改善模型

在探讨旅游对社会、经济和环境的民生效应的现有指标体系基础上，赖斌和杨丽娟(2016)创新性地引入了公共性民生效应和个体性民生效应作为一级指标，围绕旅游惠民投入效应作为核心导向，构建了一个针对民族地区的旅游惠民绩效评价指标体系，如图2-3所示。这一体系为后续研究者在探索旅游惠民效应方面提供了新的研究视角，助力深化对旅游业在促进地方民生方面影响的理解。

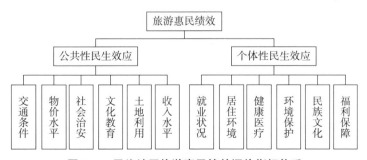

图2-3 民族地区旅游惠民绩效评价指标体系

整体而言，旅游民生效应的模型与指标体系已随着学者的不断努力而逐步丰富和完善。从最初主要关注对社会、经济、环境的基本民生效应的测量，到引入公共性与个体性等更细化的民生效应，这些指标体系已变得更加具体化。这种进步不仅提高了研究的精确性，也增强了实际操作的可行性，为深入探索旅游与民生间的关系提供了更有效的工具和方法。

2.3.2.3 旅游民生改善策略

旅游民生改善策略是旅游与民生问题研究的关键焦点，众多学者通过不同案例研究，在分析了当地旅游民生现状后，提出了多种改善策略。例如，鲁明勇（2011）以张家界为例，建议加快旅游业发展并确立其为支柱产业，通过经济、社会和环境三个维度将旅游效应转化为民生效应。高园（2012）则强调，对旅游目的地居民幸福指数进行科学评价，用以衡量旅游业发展与民生幸福间及地方政府治理的良性互动。窦开龙（2012）以西北五大旅游区为研究对象，提出了"民族文化旅游业发展新模式"，即"五位一体和四元聚合驱动"模式，此模式包括寺院、社区、政府、企业和学者五大主体，结合旅游安全、文化发展、形象塑造和旅游经济四大战略，旨在更好地促进旅游民生效应。刘笑明（2019）则分析了制约我国乡村旅游业惠民富民效应的现实困境，并从产品、企业、产业和管理转型，以及理念、产业、模式、营销升级等不同层面提出了具体的改进思路和对策建议。

2.4 旅游与生计的国内外研究现状

在微观层面，民生常以"生计"形式体现，并受到研究者的广泛关注。因此，探索如何将旅游发展融入目的地社区的生计选择，以推动旅游与生计的可持续融合发展，已成为全球范围内持续实践的焦点，并且是国内外学术界普遍关注的重要议题之一。

2.4.1 国外期刊文献研究现状

国外期刊文献涉及旅游发展与生计的关系时，通常基于广泛认同的

"可持续生计"概念。已有研究大多依托"可持续生计框架"探讨旅游与生计的相关问题，主要研究内容包括旅游生计资本、旅游生计效应、旅游生计策略，以及针对不同旅游类型的生计研究几个方面。这些研究帮助深化了对于如何通过旅游活动促进当地社区生计持续改善的理解。

2.4.1.1 可持续旅游生计框架

Chambers 和 Conway（1992）提出的"可持续生计"概念已经得到了学术界的广泛认可，并为学者和政策制定者提供了一个新的视角来理解和研究贫困、社区及乡村发展问题。这一概念不仅被政府组织广泛应用，非政府组织也在其实践过程中利用可持续生计的方法来分析和解决贫困及乡村问题。随之，多种可持续生计的分析方法和框架被开发出来，对生计策略的形成和实施产生了深远影响。比较有代表性和影响力的可持续生计分析框架如表 2-3 所示。

表 2-3　有代表性和影响力的可持续生计分析框架

框架名称	机构及时间	主要观点	特点
可持续生计框架	英国国际发展署（DFID，2000）	●强调贫困者主动参与发展 ●脆弱性背景、现实状况、组织、政策等多维度分析生计发展能力 ●归纳总结贫困发生以及治理的联系与运行逻辑 ●关注过程，不同因素及其多重交互作用会影响农户生计	以脆弱性人群为基础
农户生计安全框架	美国援外汇款合作组织（CARE，2000）	●以家庭为中心，强调家庭内部的生计差异 ●生计三大基本属性：能力、资产的可获得性、经济活动	以基本需求和权利为基础
可持续生计途径	联合国开发计划署（UNDP，2001）	●遵循整体发展观，生计是收入、自然资源、权利、资产、金融服务等因素的共同作用 ●生计安全监测指标的设计	以政策、技术与投资为动因

英国国际发展署开发的"可持续生计框架"是围绕解决贫困问题而设计的，并在贫困干预实践中得到广泛应用。这一框架突出了"以人为本"的理念，强调贫困群体的内生动力，采用多层次、多维度和多方动态运行的方

式，同时关注不同因素间的相互作用及其过程。SLA 的具体内容和结构展示如图 2-4 所示，为实施贫困减缓措施提供了一个综合性和动态的分析工具。

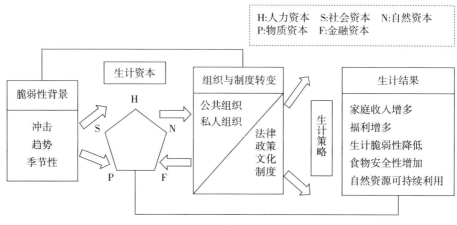

图 2-4 可持续生计框架

SLA 框架模型包括五个核心组成部分：脆弱性背景或环境、农户所具有的生计资本、组织与制度转变、生计策略和生计结果。这些组成部分在模型中以复杂的方式相互作用和影响，整体反映了农户如何在特定的自然、政治和经济风险环境中运用自身的生计资本、适应和影响制度与权力结构，以及采取可能的生计策略来提升其生活水平的过程。这个框架强调了各要素间的动态互动，提供了一个全面理解和分析农户生计提升机制的视角。

为进一步研究旅游与生计问题并增强可持续生计框架在旅游行业的指导性及其在旅游扶贫中的效应，Shen（2008）在 SLA 框架的基础上提出了"可持续旅游生计框架"（Sustainable Livelihood Framework for Tourism，SLFT）。这一框架专为旅游行业设计，通过整合旅游特有的元素和动态，旨在提供一个更精确的分析工具来探讨旅游活动如何影响社区的生计状况。该框架的详细内容如图 2-5 所示，它能够帮助研究者和政策制定者更好地理解和实施针对性的旅游发展策略，以实现真正的社区发展和贫困缓解。

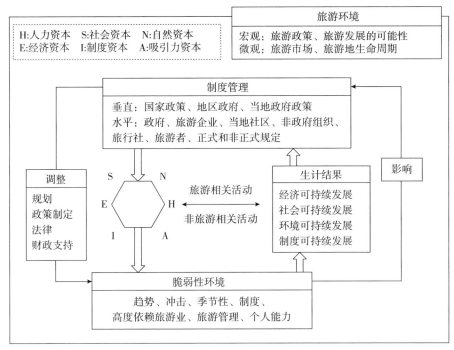

图 2-5 可持续旅游生计框架

SLFT 框架综合了宏观和微观两大维度的旅游环境因素，并在生计资本中引入了制度和吸引力资本。此外，生计结果也被具体划分为经济、社会、环境和制度可持续发展四大维度。这一分析框架不仅视旅游为一种生计发展手段，还将生计因素纳入旅游业环境中，目的是最大限度地发挥旅游对改善生计的作用和效益。

2.4.1.2 旅游生计资本

生计资本是可持续生计框架的核心内容（Shen，2008），在旅游活动中其不仅是农户参与旅游经营的基础和制约条件，也直接影响农户的生计策略选择，进而决定生计结果。这些因素是实施旅游扶贫和帮助人们通过旅游获得收益的关键。因此，在探讨旅游与生计的相关议题中，国外学者已经对旅游生计资本进行了深入研究，并取得了丰富的研究成果。

经典的生计资本框架包括自然、物质、人力、金融及社会五类资本，广泛用于旅游生计资本的研究中。在发展中国家，自然类旅游生计资本特别备受关注，这类资本通常涉及本地自然资源的利用，如海洋和鱼类资源在海洋旅游或渔业旅游中的应用（Fabinyi，2010；Carter and Garaway，2014；Gurung and Thing，2016；Pham，2020），野生动物资源在野生动物旅游中的应用（Avila-Foucat and Rodríguez-Robayo，2018；Stone and Nyaupane，2018；Tichaawa and Lekgau，2020），以及山地资源在山地旅游中的开发（Devkota，2017）。在资源丰富的区域，凭借切实可行的社区管理和旅游活动的开展，可显著改善当地居民的生计，满足他们的住房、就业和交通等基本需求（Mbaiwa and Kolawole，2013）。然而，自然类旅游生计资本的开发和利用须严格考虑地理环境的特点，并注重生态保护，遵循当地动植物的生长习性和自然规律，以确保这些资源的可持续使用，并最大化其生计改善效益。

社会类旅游生计资本的重要性正逐渐受到学者的重视。Saxena（2006）强调了，个人与社会的联系对促进资源的可持续利用及社会生计资本效益的发挥至关重要。特别是对于小型乡村企业来说，企业主若能巧妙利用社会和亲属资源，不仅可以提升市场知名度和竞争地位，还可以通过非正式关系获取额外资源，并在遵循当地风俗习惯的基础上开发出更符合游客需求的产品。此外，家庭作为一个人力资源的小团体，其生计资本在促进家庭成员参与旅游活动中发挥着积极作用。Liu 等（2012）指出，在家庭资本构成中，即使自然资本较低而其他资本较高，家庭也更有可能参与旅游活动。家庭所拥有的住房资源、生产资源和生活资源等可投入旅游开发活动中，如可将闲置房屋用作寄宿家庭以补充农村生计（Anand et al.，2012）。同时，家庭的平均年龄、成员参与组织（如合作社）的情况、政府转移支付、土地特征等因素的良好组合，可为家庭带来更多福利和生存机会（Avila-Foucat and Rodríguez-Robayo，2018）。

在传统生计五边形模型的基础上，多位学者结合当地特征，并根据研究需要，对旅游生计资本类型进行了扩展和完善，形成了包括自然、物质、人力、金融、社会、文化及心理预期等多种类型。特别地，文化旅游的兴起和发展激发了学者对文化资本的深入思考。Gale（2006）在探讨旅游与生计关系的研究中导入了文化资本的概念，强调在以文化旅游为主的社区中文化资本（包括有形和无形文化资本）的重要性。例如，在乡村旅游的开发和建设中，当地手工艺也被视为一种文化资本，不仅提升了生计水平，还有助于协调当地居民的生活方式、生计和手工艺术生涯（Prince，2017）。此外，居民对旅游效应的不同感知可显著影响他们对旅游发展的期望和参与意向，进而影响旅游生计资本的分配与组合（Xiao et al.，2019）。这些研究表明，旅游生计资本的理解和应用正变得更加多元化和精细化。

综上所述，旅游生计资本的多样化和均衡稳定不仅能更好地满足人们提高生计水平的需求，还能增强他们抵御经营和发展风险的能力。同时，旅游业的发展会影响人们生计资本的数量和质量，优化其组合状况和结构配比。资本间的良好组合和灵活转化也在一定程度上巩固了人们的风险抵御能力。

2.4.1.3　旅游生计效应

在考虑旅游业作为生计转变手段时，必须综合考虑其对个人和组织的多方面影响，包括政治、经济、生态和社会等方面。旅游业的正面影响可视为生计福利，而负面影响是生计成本。学者已从不同维度、群体和区域对旅游生计效应进行了全面研究。例如，Jome Poor 和 Kiumars（2005）、León（2007）和 Mbaiwa（2011）分别以高尔干县、多米尼加共和国和博茨瓦纳奥卡万戈三角洲为研究对象，探讨了旅游发展如何影响农户的生计活动和生活方式。Manyara 和 Jones（2007）、Melita 和 Mendlinger（2013）及 Anup 和 Thapa Parajuli（2014）分别研究了旅游发展如何促进肯尼亚、坦桑尼亚和尼泊尔马纳斯鲁保护区居民的收入增长。这些研究普遍表明，旅游发展通过丰富生计活动和改善生活方式，对增加收入和减贫起到了积极作用，同时减少了本地劳动力的外迁，提升了家庭幸福感。另外，旅游发展对生态环境和土地利用的影响也引起了关注。Adhikari 和 Fischer（2011）在尼泊尔西部甘德鲁克的实地调查中发现，生态旅游有利于森林保护、生计和社区发展。Hoang 等（2014）对萨帕地区的历时性分析表明，旅游发展减少了对林地资源的依赖，从而促进了林区的生态修复。这些研究结果强调了旅游业在促进可持续发展方面的潜力。

另外，有研究表明旅游地生计转型能够提升农户的自我认知。在旅游业的经营和发展过程中，农户逐渐意识到自己与外来劳动者和经营者在技能和资本方面的差距（Mbaiwa，2005）。为弥补这一差距，研究建议增加小额贷款以支持农户能力的提升（Taylor et al.，2009），并提供围绕知识和技能的培训，这对提高农户能力至关重要（Scheyvens and Momsen，2020）。此外，通过旅游活动促进社区或农户间的沟通，更有助于有效地保护当地文化（Ahebwa et al.，2016）。这类研究强调了旅游业在促进农户自我提升和文化保护方面的重要作用。

　　旅游发展虽然为当地居民带来了生计转型的机会，但这一过程也伴随一定的成本。不合理的竞争、错误的开发方式和无效的管理模式可能导致物价上涨和通货膨胀，从而增加居民的生活成本和生计压力，使旅游经济收益难以抵消生活成本的提高。此外，旅游开发可能导致对土地、水资源、森林和植被的快速消耗，对传统农业和畜牧业造成冲击，影响农户生计的可持续性（Guha and Ghosh，2007）。在经济欠发达地区，如亚马孙中部的乡村，无序开发和森林破坏已对雨林生态产生负面影响（Hoefle，2016）。因此，旅游发展的负面生计效应通过更合理的开发和管理来缓解，以实现旅游业与当地社区可持续发展的平衡（Mbaiwa and Kolawole，2013）。

　　综合前述学者的研究，旅游生计效应可分为生计福利和生计成本两大类。生计福利方面，旅游发展对居民的生活环境和水平有显著提升，具体表现在：旅游增加了就业机会，为本地居民提供了更多的生计选择；居民收入得到提升，参与旅游活动和产品销售有助于资本的积累；居民消费得到促进，收入增加改变了消费观念和模式，推动了消费的升级；增强了居民的地方认同和文化自信，促进了地方文化的保护和传承；社会环境得到改善，教育、卫生、医疗、信贷和基础设施服务有所提升；有效缓解了生态保护与居民生计的矛盾，实现了生态保护和旅游开发的协调发展。生计成本方面，旅游虽然改变了传统的生计活动，但也带来了一些负面影响，包括：生计方式的变化可能加剧贫富差距和社会冲突；对生计资源的分配产生影响，可能恶化生态环境；新的生计方式要求居民具备更高的知识和技能，这可能导致弱势群体被边缘化；传统文化可能受到冲击，不利于其保留和传承。因此，需客观评估旅游对生计的影响，并在推动旅游促进生计转型时，综合考虑旅游带来的后果，结合当地实际情况和现有生计方式，制定合理的生计策略。

2.4.1.4 旅游生计策略

将旅游业作为一种积极的生计选择以消除贫困是全球反贫困努力的关键策略，居民是否能够拥有并控制实现其生计所需资源是参与旅游活动的关键。因此，国家层面的分权有助于支持地方旅游生计的转型和发展（Akama，1996）。在此基础上，政府在制定法律、法规和政策时需确保本地资源的所有权和决策权的保护（Sofield，2003）。Lee（2008）研究发现，自有农场采取一系列鼓励农民参与做法得益于政府的主导，且政府政策、法规和机构对农民生计战略决策产生重要影响。此外，适当的政府立法干预被证实可有效促进旅游的生计效应（Scheyvens，2008）。例如，纳米比亚政府通过立法将权利让渡给社区，使其获得对公共财产的控制权和旅游发展所需的土地资源，并利用野生动物资源选择旅游生计策略（Barnes and Novelli，2007）。针对小农商户，支持农业生态旅游成为一种策略，旨在整合并保护粮食安全及农村小农户的生计成果（Addinsall et al.，2017）。因此，最佳的旅游生计策略应着力保护居民的参与权（Zhang et al.，2020）。

旅游业的参与要求知识储备和技能，而这些往往是当地居民缺乏的。因此，众多学者提出了生计能力建设策略。职业培训是一个关键途径，其可通过提升居民的能力来增加生计收入，这些收入又可用于资助家庭成员的正规教育，从而促进未来人力资本的提升（Guha and Ghosh，2007）。这种提升的人力资本反过来可提升旅游参与水平，并进一步发展相关的知识和技能（Stronza and Gordillo，2008）。例如，尼泊尔的奇旺国家公园利用旅游收入为社区居民提供技能培训，促进了居民从传统生计向商业农业和非农就业的转变（Nyaupane and Poudel，2011）。南部非洲的案例研究也显示，旅游就业收入可有效促进家庭成员的教育（Snyman，2014）。此外，Adiyia等（2017）指出，旅游就业通过为贫困居民提供人力和社会资本，有助于他们成功转向非农生计策略并摆脱绝对贫困。因此，通过技能培训、领导力培训、产学结合及自主学习等多种方式，可高效地提升居民的旅游生计能力。

2.4.1.5 不同旅游类型的生计

随着旅游业在全球范围内的不断发展和深化，旅游的类型也日益扩充和丰富，涌现了许多新兴且备受追捧的旅游形式。对于这些不同类型的旅游生计，众多学者进行了深入研究，涵盖了文化旅游（Ahebwa et al.，2016；Mbaiwa and Sakuze，2009）、生态旅游（Van der Duim，2011；Ahebwa，2012；Anup et al.，2015）、乡村旅游（Bhutia，2016）和遗产旅游（Su et al.，2016；Srijuntrapun et al.，2018）等领域。这些研究虽然侧重点各异，但基本上遵循了可持续性的原则，探讨了不同类型旅游与可持续生计的互动关联（见图2-6）。这种多样化的研究不仅丰富了旅游学术领域，也为实现可持续发展的旅游生计提供了丰富的视角。

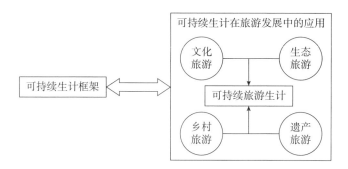

图 2-6　旅游发展类型与可持续生计的互动关联

2.4.2　国内期刊文献研究现状

国内学者在借鉴国外文献关于"生计""可持续生计"及"可持续旅游生计"的理论基础上，开展了许多具体案例和细分领域的研究。这些研究主要集中在旅游开发对社区生计的影响、农户生计问题的影响因素、旅游生计策略、旅游可持续生计的影响因素与策略，以及旅游可持续生计指标体系的构建与测量等多个方面。

2.4.2.1　旅游开发对社区生计的影响

旅游开发对社区生计的影响主要体现在当地社区生计的转型上。例如，在陕南的金丝峡乡村旅游的开发中，乡村旅游业的发展促使了当地社区农户生计资本与生计策略的改变，并推动了农户能源消费模式的转变（李鑫等，2015）。同样，在大连的金石滩国家旅游度假区，旅游的发展也助力了城镇化进程中当地居民的生计转型（王新歌、席建超，2015）。此外，作为黄山旅游区的门户社区的汤口镇，在旅游业的发展下，生计方式由传统的单一化向多样化发展转变，并逐步转变成以旅游为主导的生计方式，人居环境质量得到了明显提升(王俊月，2018)。位于川滇交界处的泸沽湖景区自 20 世纪 80 年代旅游业兴起并逐步发展后，当地的摩梭人也快速从传统农渔生计模式过渡到旅游业生计模式(马腾嶽、马群，2020)。这些研究实例表明，旅游发展在推动地方社区生计转型和升级多样化方面具有显著的就业带动和收入带动作用，其对社区生计转变的促进作用已得到了众多学者的验证。

2.4.2.2 农户生计问题的影响因素

国内学者已对农户生计问题的影响因素进行了深入研究。席建超和张楠(2016)以野三坡为例，研究了旅游业影响下的乡村聚落农户生计问题，发现生计模式在旅游主导型的"专业化"和非旅游农户的"多元化"中发生了分层和空间极化，其中专业化生计模式表现更佳。徐玮(2016)指出，在农户家庭中，生计策略的选择通常受子女数量的影响；家庭中子女较多的情况下，更倾向农业集约化和生计多样化，而少子女家庭可能面临父母年龄增大带来的生计隐患。王成超等(2017)讨论了旅游发展对目的地生计影响的不确定性，这种不确定性受资源控制权、收益规模、产业供应链能力、个人能力及管理等因素的影响。崔晓明等(2017)研究表明，旅游发展条件、农户的获利程度和旅游参与程度显著影响农户的生计资本。在旅游业的影响下，旅游地农户的可持续生计水平得到显著提升，生计资本增加，生计结果改善，参与旅游业的热情也随之提高。这类研究表明，旅游业在推动农户生计改善和转型方面扮演了重要角色。

2.4.2.3 旅游生计策略

国内学者在旅游生计策略的研究方面做出了不懈努力，旨在更好地挖掘居民生计资本、丰富居民生计方式及提升居民生计水平。研究者根据不同的研究对象和旅游发展的实际情况，提出了各自的旅游生计策略。例如，Su 等(2019)以安徽河图镇为例，探讨了该镇旅游和乡村的生计方式，发现从事旅游业的居民在提高生计的可持续性方面取得了显著成效，且大多数居民利用了多活动生计策略。史玉丁和李建军(2018)指出，乡村旅游的多功能发展与农村可持续生计间可构建一个融合发展的框架模式。这种模式不仅利用和保护了优势生计资本，还提升并弥补了劣势生计资本，在发展目标的指引下，为农村地区构建了最终的发展路径。这些研究成果为推动地区旅游发展和居民生计改善提供了重要的理论和实践指导。

在研究农户生计策略的选择时，学者发现生计资本的差异是驱动农户生计策略变化的关键因素（陈燕，2018）。唐国建（2019）指出，在资源型社区选择生计策略时，自然资本具有决定性的影响。王永静和胡露月（2020）进一步探讨了自然资本、社会资本和物质资本如何影响农户在"非旅型、兼旅型、旅兼型、专旅型"四种生计策略中的选择。旅游生计策略的选取基于旅游生计资本，并将直接影响旅游生计的结果。刘玲和王朝举（2018）以贵州西江千户苗寨为研究对象，对农户的生计策略进行了分类，并运用随机占优准则检验了不同生计策略的收入效用差异，并利用多项 Logit 模型分析了影响农户最优生计策略选择的因素。

2.4.2.4　旅游可持续生计的影响因素与策略

旅游可持续生计的影响因素与策略是当前旅游与生计问题研究的重点话题，不同学者从多角度进行了深入探讨。例如，苏振和李秋莹（2016）从可持续生计视角及民生角度出发，以桂林漓江流域和金秀瑶族自治县的农户为研究对象，分析了这些地区农户生计资本的匮乏及抵御风险的高成本问题，并提出通过企户合作、品牌打造、产业融合等方式改善生计水平，并建议构建多样化的生计组合策略。赵雪雁（2017）从地理学视角审视可持续生计问题，总结了生计的空间分异、生计与生态环境的关系、脆弱性背景以及结果与过程转变的影响，并提出在生计机制、生计跨尺度、生计转型效应、生计脆弱性等方面进行深入研究的必要性。陈佳等（2017）通过旅游开发模式的案例研究，观察到在旅游的推动下，农户生计策略从传统农业向以旅游业为主的新型业态转变，并指出通过金融、物质资本和乡村社会经济发展可以提升农户的旅游可持续生计。尚前浪等（2018）以云南边境的旅游村寨为研究对象，从民族边境旅游视角发现，边境旅游和民族政策等宏观环境对这些村寨的可持续生计有显著影响。马芬（2018）通过研究黄瓜山景区农户可持续生计的发展，发现季节性变化对农户可持续生计有强烈影响。罗文斌等（2019）从乡村旅游发展视角，通过对土地整理、乡村旅游与农户生计的影响机理的实证研究，建立了新时期"土地—产业—生计"融合发展的可持续生计模式。总之，从当前及长远角度出发，旅游可持续生计研究有助于丰富生计资本和改善农户的生活水平。通过合理组合不同的生计策略，旅游可持续生计能够为农户提供稳定且持久的经济效益，从而实现生计的持续改善。这不仅促进了欠发达地区的经济发展，还有利于提升当地居民的生活质量和社会福祉。

2.4.2.5 旅游可持续生计指标体系的构建与测量

目前，国内关于生计资本的研究多基于生计资本的量化，然后对特定区域的问题进行实证化分析。李小云等（2007）基于传统的生计资本评价指标体系，提出了一种适合国内农户生计资本量化的方法，为随后的相关研究提供了重要的参考价值。徐鹏等（2008）运用因子分析法构建了一个农户生计资本评价模型，以此评估不同区域农户的生计资本状况和生计策略。此外，有学者尝试将心理预期和外部环境等因素纳入生计资产量化指标体系中，以完善 DFID 的可持续生计框架中五大生计资本的内容（李广东等，2012），进而改进农户生计资本的计量分析方法。在进行这些研究时，国内学者常用的方法包括变异系数法（刘智，2020）、无序多分类 Logistic 回归（徐定德等，2015）、熵值法（王新歌、席建超，2015）、层次分析法（杨皓等，2015）、主成分分析法（李广东等，2012）、离差最大法（王成等，2011）、经验加权法（杨云彦、赵锋，2009）、专家咨询法（阎建忠等，2009）、因子分析法（徐鹏等，2008）等，这些方法的应用情况如表 2-4 所示。这些研究方法的广泛使用标志着对生计资本的定量分析趋于成熟和系统化。总的来说，生计资本的量化是可持续生计研究的核心，关键在于评估农户生计的脆弱性、影响生计策略选择的因素及生计现状的分析等多个方面。国内学者在生计资本的量化分析方面，建立了多种生计资本评价指标体系，尤其是在构建农户可持续生计指标体系方面做出了重要贡献。这些指标体系不仅提供了方法论参考，还提供了实用的定量测量工具，使研究者能够更精确地识别和分析影响农户生计的各种因素，从而更好地设计和实施针对性的干预措施，助力生计的可持续发展。

表 2-4　生计资本测量方法

作者及年度	案例区域	确定权重方法	主要研究内容
刘智（2020）	张家界	变异系数法	构建乡村旅游与农村可持续生计系统指标体系，运用变异系数和耦合协调度模型对 2005~2018 年张家界乡村旅游与农村可持续生计的耦合度和协调度进行测算
徐定德等（2015）	三峡库区渝北、忠县、万州、巫溪	无序多分类 Logistic 回归	分析生计资本现状，采用无序多分类 Logistic 回归模型探讨四种不同类型农户生计资本与生计策略的关系
王新歌和席建超（2015）	大连金石滩国家旅游度假区	熵值法	以农户生计量化为基础，探讨 1992~2012 年当地农户生计转型规律、问题及实现可持续发展应采取的策略
杨皓等（2015）	河北保定涞水	层次分析法	对比分析退耕还林前后农户生计资本变化，建立线性回归模型分析退耕还林对农户可持续生计的影响
李广东等（2012）	渝西方山丘陵	主成分分析法	在传统五大生计资本里加入心理资本，运用灰色关联分析模型和 Probit 回归分析法研究农户生计资本差异对耕地保护补偿模式意愿选择的影响
王成等（2011）	重庆白林村	离差最大法	采用"PRA+3S"结合方法，在量化农户生计资本的基础上进行农户分化，研究农户后顾生计来源和农村居民点整合
杨云彦和赵锋（2009）	南水北调（中线）库区	经验加权法	建立农户生计资本指标体系对农户生计资本现状进行实证研究
阎建忠等（2009）	青藏高原东部达日、班玛、壤塘	专家咨询法	运用 PRA 调查法，研究青藏高原东部高山峡谷区、山原区和高原区农牧民生计资本现状、生计多样化特点及相关性
徐鹏等（2008）	四川、贵州、云南、陕西、重庆的 10 区县	因子分析法	对生计资本现状和上级策略进行评价

2.4.3 研究述评

国内外学者在旅游与生计领域的研究表现出多学科角度、多主题方向和丰富的研究成果。国外学者自 20 世纪 80 年代便开始着手探讨旅游与贫困问题，其间积累了大量研究成果，建立了较为成熟的理论体系，并不断创新研究方法，为深入研究奠定了坚实基础。主要特点包括：首先，他们奠定了研究的理论基础，特别是英国国际发展署的科学家代表团队，他们关于"生计"和"可持续生计"的研究形成了系统的理论体系，为旅游与生计的研究提供了坚实的理论支撑，并发展了指导旅游促进生计转型的可持续旅游生计框架。其次，基于这一理论体系，国外学者开展了全过程的实证研究，涵盖了旅游生计资本、生计变化、生计策略和生计影响等方面，贯穿旅游与居民生计的整个过程。最后，研究内容广泛，不仅注重旅游目的地社区居民的生计和社区发展，还包括环境保护、生物多样性和文化影响等问题，注重比较和总结研究成果。这些研究不仅丰富了旅游与生计的学术领域，也为实践中的可持续发展提供了重要参考。

国内学者在国外旅游与生计理论体系的基础上，尽管起步较晚，但发展迅速，并展现出明显的特征：首先，以实证研究为主，选择的研究地通常是资源丰富的区域，如乡村旅游区、自然保护区、滨海度假区和民族旅游区等。其次，研究模式大致可分为两种：一种是基于可持续生计框架，探讨居民生计转型面临的威胁与机遇，分析生计背景和制约因素，并对生计资本与结果进行定性或定量评价，以提供更有效的生计策略；另一种是以生态旅游为核心，应用可持续生计相关理论和评估指标体系，研究不同生计指标的表现和相互作用，探索实现旅游生计可持续的策略。此外，研究视角多样化，主要集中在生计资本变化对生计策略的影响、旅游生计策略，以及旅游可持续生计指标体系的构建与测量等方面。最后，研究主题不断丰富，紧密结合国内当前热点社会问题，如乡村旅游、生态建设等，采用经济学、社会学、旅游学、管理学、生态学及地理学等多个学科的理论与方法，呈现多学科交叉、多目标层次融合的特点（张行发、徐虹，2021）。

　　总体来看，国内外学术界关于旅游与民生问题的研究主要聚焦分析和验证旅游产生的经济收益在民生领域的特征与效应，以及旅游与民生改善间的关系。国外的研究开始较早，主要探讨旅游与居民福利及其对生活质量的影响。相比之下，国内的研究主要围绕旅游与民生的关系进行论述。国内外在这一领域的研究侧重点存在明显差异：首先，国外学者在分析旅游与福利的关系时，通常会从旅游对居民福利和生活质量的积极及消极影响两个方面进行综合考虑，体现出较强的辩证性思维。相反，国内研究在讨论旅游与民生的问题时，往往强调旅游作为民生重要组成部分，侧重探讨其对民生的促进和改善作用，而对旅游可能引起的民生负面效应的讨论较少。其次，国外学者通常使用相关经济和社会理论，结合福利模型来论述旅游与福利的关系，并通过实证研究和数据分析进行支持。国内学者则倾向通过定性分析探讨旅游与民生的问题，尤其强调乡村旅游等旅游形式的民生特性，而在实证和定量分析方面相对较少（唐健雄，2010）。最后，虽然国内外学者都从经济、社会和环境等传统角度分析旅游与福利或民生间的关系，国内学者在此基础上进一步构建了旅游民生效应的具体模型和指标体系，并拓宽到了个体性和公共性的层面，这为后续的研究操作和实施提供了更多便利。这些差异不仅反映了不同文化和社会背景下的研究取向，也点明了国内在此领域可以进一步发展的方向，尤其是在旅游的消极影响、实证研究和定量分析方面的深入探索。

　　综合现有研究，国内外关于旅游与生计升级的探索仍存在一些不足之处：首先，大部分研究聚焦于乡村地区，从农户的视角分析生计背景、生计资本和影响因素等问题。然而，乡村农户的特殊产业基础和生存背景意味着这些研究成果不一定适用于所有旅游社区，因此需根据不同社区的实际情况进行适当的改进和调整。其次，尽管研究对象的地域正在不断扩展，但仍有许多区域缺乏针对性的研究。每个区域的独特地理环境、产业结构、政策背景和民族文化都直接影响生计转型和策略选择，这要求可持续旅游生计框架的指标和融合发展模式应具体结合当地实际情况进行详细论述。最后，当前研究在测量旅游与民生、生计的视角和方式上还相对单一，其研究的深度和广度需根据实践需求进一步扩展。特别是通过耦合视角测量旅游和民生的关系，以及从效率视角进行旅游民生效应的定量测量和实证分析，构建符合中国现实发展规律的评估框架，这对揭示旅游与民生改善的内在逻辑关系、寻求旅游民生效应提升具有重要意义。因此，本书选取广西的城市和乡村作为实证研究对象，引入耦合协调度和效率等维度到旅游民生领域，旨在丰富和拓展旅游业经济外部性研究的理论体系。

3

广西地级市旅游业及旅游流
与民生耦合及效率

旅游业的生产与消费的同步性，决定了旅游目的地的产业系统是由旅游流所驱动形成的。全球性的新冠疫情暴发导致了国际、国内及区域间的旅游流动中断，这直接导致了旅游业系统的突然停滞。因此，旅游业的所有支撑要素是以旅游流为核心来构建的。从系统论的角度出发，我们可将旅游流输入后的旅游业体系视为旅游目的地的旅游业发展的一个子系统，同时将区域民生视为民生综合发展的另一个子系统。在这两个子系统的发展过程中，两者间的相互影响和相互作用是进行相关分析的基础。

3.1　广西地级市旅游业及旅游流与民生的耦合分析

3.1.1　研究机理

旅游业及旅游流与民生的相互耦合机理揭示了两者间错综复杂的相互作用关系。旅游业的蓬勃发展改善了民生，增加了就业机会和家庭收入，进而刺激了更多的旅游消费。与此同时，旅游地民生的改善、居民生活水平的提高和文化保护意识的增强，又为旅游业的可持续发展奠定了基础。

3.1.1.1　旅游业及旅游流的提升有利于改善民生

旅游流作为当今全球化时代不断增长的现象，无疑对民生产生了深远且长久的影响。历史学家和旅游研究学者通过对不同时期和地区的考察，逐步勾勒出了旅游流对民生的正面影响框架。自19世纪末，便有研究人员如意大利学者鲍德奥（1899 年）对入境的外国游客进行跟踪研究，尝试解读旅游流动对东道国或地区的经济影响。鲍德奥通过调研入境游客在意大利的消费模式，开创性地就经济效益这一领域为学界提出了新见解，揭开旅游流对东道国就业和收入潜能的探讨序幕。自此，关于旅游流对民生福祉正面效应的研究形成一股热潮，一大批旅游经济学理论得以系统发展和健全。

随着时间推移，对旅游流对民生影响的研究已经超越了单纯的经济利益考量。跨学科的研究成果不断证实，旅游业对东道社会就业和收入具有显著的正面效应。旅游业需求的增长不但推动了餐饮、住宿、交通、商业、建筑业，以及旅游配套装备制造业等相关行业的蓬勃发展，而且这种影响在乡村地区尤为显著。具体而言，乡村地区通过发展旅游业，为当地居民提供了更多样化的收入来源和更多的就业机会，从而显著提升了家庭收入水平。这种现象在乡村振兴战略和全域旅游规划中显著呈现，并得到了积极的推广。这些政策和规划不仅促进了就业，还促进了技能提升，从而推动了传统职业的创新和转型。

从理论角度来看，旅游业及其引发的旅游流对民生产生的深远影响，不仅体现在东道国或地区生活环境的改善上，更促进了居民生活质量的全面提升。这种由旅游业引领的民生正向变迁，包括居民生活设施的升级和环境品质的提高，以及生活方式的丰富和多元化。旅游业的推动作用在卫生、绿化、公共服务等基础设施的精准改善和升级方面十分显著，这不仅提高了当地居民的生活质量，也增进了他们的获得感和幸福感。同时，地区风貌的整治、非物质文化遗产的保护及其创新性传承的实践，进一步增强了居民的民族自豪感和归属感。旅游业和旅游流在经济学视角下为东道国民众提供了就业机会和收入增长的途径，同时从社会文化角度促进了当地乃至全球范围内的文化包容性和多样性。在全域旅游和乡村振兴战略的背景下，旅游流对民生生活环境的综合改善，不仅揭示了旅游业对东道国社会可持续发展的积极贡献，也体现了旅游业在文化、经济和环境友好型发展方面的双重价值。

3.1.1.2 民生提升有利于促进旅游业及旅游流

在当前全球化的背景下，民生的改善与旅游业及旅游流间的关系日益紧密，两者间构成了一种复杂的互动机制。广泛的研究和实证探讨已经揭示了一个日渐清晰的现实：地区民生福祉的提升在很大程度上塑造了旅游流动向和格局的演变。当区域民生发展取得进展，如居民收入水平的提升、教育与健康保障的普及，以及就业机会的质量和数量的显著增加时，旅游偏好和需求也会经历相应的转型。这种转型体现在旅游者从追求基础游览向导式服务转向更注重体验式和高品质的个性化旅游选择。研究还表明，社会民生的全面改善对国内乃至国际旅游流的分布产生了显著影响。这不仅体现了人口福祉的提升，也反映了国民经济总体健康水平的提高。这种提升无疑将激发对高增值旅游产品和服务的强烈需求。

从理论的角度审视，社会经济学派通过研究民生满意度与旅游偏好的变迁，构建了一个研究框架。该框架明确指出，民众对幸福的感知在本质上影响了他们对旅行目的地的选择、旅游消费及对期望收益的要求。因此，那些综合民生福祉得到显著改善的地区，自然成为创新旅游产品和营销策略的首选试验场。从经济社会革新的视角来看，公共服务的完善和就业安全的保障等民生指标，对旅游动机和消费水平具有重要的推动作用。这些指标不仅促进了居民生活品质的提升，也唤起了居民对特色化、差异化，乃至精致化旅游体验的追求。特别是高收入群体、中产阶级及新兴的社会阶层，这些主导消费群体的微妙转向，不仅改变了旅游流的地理分布，也促进了消费生态的重新平衡。

这种互动的深化清晰展示了民生福利提升与旅游流变迁间自然而紧密的耦合效应。有计划的旅游开发战略在很大程度上得益于本土乃至地区性民生福祉的改善。这是因为，当区域民生得到全面提升，带来较高的旅游素养和消费潜力时，其促使国内外旅游目的地在服务细分化、产品特色化上进行差异化塑造，并在体验的深度和广度上提供个性化的优化。我们观察到，民众对健康、休闲、文化、生态，以及知识拓展导向的旅游产品偏好呈现显著上升的趋势。强调服务升级和行业发展创新，将成为满足并超越高收入群体和日益壮大的中产旅游需求的动力。这种平衡下的对等增益，在全球和区域层面促进了旅游业从数量型向质量型的转变，并推动社会民生视野向更广泛而深远的领域拓展，共同勾勒出一幅国内乃至全球生态文明和谐共进的宏伟蓝图。因此，以民众生活福利为基础的区域旅游业的高品质、可持续化规划与发展战略的制定，已成为后疫情时代乃至长远来看，新兴经济体和全球各国不断追求的关键。这不仅是对当前和未来国际与国内人文地理版图深远影响的科学应对，也是对全球性、区域性复杂经济文化社会生态系统持续的现实考量和反馈(Guccio et al., 2017)。

3.1.2 研究方法

作为评估两个或多个系统的工具，耦合协调度是耦合度和协调度的组合。耦合起源于物理学，是指两个或多个系统以各种方式相互作用以实现协同作用的现象(Wei et al., 2018)。在本书中，耦合度是旅游业发展与民生综合发展水平间相互作用的非线性关系的水平。然而，由于耦合度并不能准确反映发展水平，我们进一步整合了一个协调度来弥补这一不足(Liu et al., 2005)。本书采用旅游业发展和民生综合发展的耦合协调度。计算过程如下：

第一，数据标准化。由于本书中各项指标均为正向值，采用式(3-1)对数据进行标准化。其中 t_i' 和 l_i' 分别为旅游业发展和民生综合发展水平的相关指标。

$$t_i' = \left[(t_i - \min_i) / (\max_i - \min_i) \right] \times 0.99 + 0.01$$
$$l_i' = \left[(l_i - \min_i) / (\max_i - \min_i) \right] \times 0.99 + 0.01 \qquad (3-1)$$

第二，综合评价指标。测算两个子系统对整个系统的贡献，用公式(3-2)计算：

$$U_T = \sum_{i=1}^{n} a_i t_i'$$
$$U_L = \sum_{i=1}^{n} b_i l_i' \qquad (3-2)$$

式中：U_T 和 U_L 分别为旅游业发展和民生综合发展评价指标。a_i 和 b_i 分别为各指标权重。为降低评价的主观性，本书采用熵权法确定权重值。

第三，旅游业与民生水平的耦合度 C_{TLI} 可用公式(3-3)计算：

$$C_{TLI} = 2 \times \left\{ (U_T \cdot U_L) / \left[(U_T + U_L)(U_T + U_L) \right] \right\}^{1/2} \qquad (3-3)$$

第四，协调度可通过式(3-4)计算，其中 T 为协调度，因两个阶段的重要性相同，权重值 α 和 β 均设为 0.5。

$$T = \alpha U_T + \beta U_L \qquad (3-4)$$

第五，耦合协调度可用式(3-5)计算：

$$D = \sqrt{C_{TLI} \times T} \qquad (3-5)$$

3.1.3 指标体系构建及数据来源

旅游业的发展与旅游流的增长，以及它们与民生综合发展的协同，组成了一个涉及旅游相关多个行业和民生多领域的复杂系统工程。目前，国内外在构建旅游业发展与当地民生综合发展水平的评价指标体系方面，尚未形成统一的标准。本书基于旅游业和民生水平两个系统的内涵与特点，参考中国统计学会发布的《地区发展与民生指数(DLI)》，以及国务院发展研究中心开展的"中国民生调查"中的相关评估指标。在构建评价指标体系时，本书遵循了系统性、全面性和科学性的原则，并考虑到指标数据在城市层面的可获取性，从而构建了一个耦合评价指标体系(见表3-1)。

表 3-1 耦合评价指标体系

体系层	目标层	准则层	指标层
旅游民生协同发展	旅游业发展子系统	旅游流水平	国内旅游接待人次(万人)
			国际旅游接待人次(万人)
			旅游总收入(亿元)
		行业状况	旅行社数量(个)
			三星级以上酒店数量(个)
			AAA级以上景区数量(个)
		就业环境	从业人数(人)
	民生综合发展子系统	经济水平	人均GDP(万元)
			服务业增加值占GDP比重(%)
		生活状况	城镇居民人均可支配收入(万元)
			农村居民人均可支配收入(万元)
			卫生机构床位数/万人(个)
			互联网用户数/万人(户)
			民用汽车拥有量/万人(辆)
		生态环境	污水处理率(%)
			绿地面积/万人(m²)

旅游业发展子系统由旅游流水平、行业状况和就业环境三个方面构成。其中，旅游流水平侧重衡量旅游业发展吸引的游客规模和收入规模，采用国内旅游接待人次、国际旅游接待人次及旅游总收入进行衡量。行业状况侧重从供给侧衡量目前旅游行业的经营主体规模，采用旅游业传统的旅行社、酒店及景区三种业态的经营主体数量进行衡量。为拉开高级酒店及景区与低级酒店及景区的差异，参照相关研究做法，统计时对5星/AAAAA、4星/AAAA、3星/AAA分别采用0.6、0.3及0.1的权重并加总。旅游业的就业环境主要通过住宿、餐饮、文体娱乐等行业从业人数进行衡量。

民生综合发展子系统由经济水平、生活状态和生态环境三个方面构成。其中，经济水平采用人均GDP测量经济发展水平，采用服务业增加值占GDP比重衡量经济结构优化程度。在生活环境方面，采用城镇居民和农村居民人均可支配收入测量城乡居民生活水平。同时，用卫生机构床位数/万人测量医疗服务水平，以互联网用户数/万人体现信息化发展程度，以民用汽车拥有量/万人测量生活质量。在生态环境方面，以污水处理率和拥有绿地面积/万人作为测量依据。耦合协调度的分类和判别标准如表3-2所示。

表3-2　耦合协调度分类与判别标准

耦合协调度区间	耦合协调类型
$0 \leqslant D < 0.2$	极度失调
$0.2 \leqslant D < 0.3$	中度失调
$0.3 \leqslant D < 0.4$	轻度失调
$0.4 \leqslant D < 0.5$	濒临失调
$0.5 \leqslant D < 0.6$	基本协调
$0.6 \leqslant D < 0.7$	初级协调
$0.7 \leqslant D < 1.0$	高度协调

评价数据来源主要包括《广西统计年鉴》（2011~2020年）、广西各地市年鉴及统计年鉴、国民经济与社会发展统计公报，数据均在广西

统计局官网及中国知网年鉴数据库中可查。数据测算前均进行无量纲化处理。

3.1.4 结果分析

3.1.4.1 旅游业发展指数分析

广西的旅游业发展整体上呈现出稳定的增长势头,但不同城市间的发展水平存在显著差异,形成了以南北两个中心为主导的格局(见图3-1)。

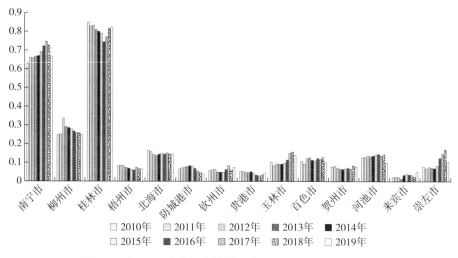

图 3-1 广西 14 个地级市旅游业发展指数(2010~2019 年)

由图 3-1 可知,桂林市和南宁市在旅游业发展指数上年均值分别高达 0.806 和 0.683。桂林市作为广西的旅游支柱城市,依托其丰富的旅游资源,在改革开放前就已开始承担外交接待任务。长期以来,桂林市在国际旅游吸引力和接待人数方面形成了其他城市无法企及的优势。南宁市作为广西的省会城市,不仅是政治、经济和文化中心,也是北部湾城市群的核心城市,同时作为西南地区出海通道的综合交通枢纽,吸引了大量商旅人士,形成了较为完善的旅游业体系。在旅游业发展指数排名中,紧随其后的城市包括柳州市、北海市、河池市和百色市。柳州市作为广西最大的工业基地和国家历史文化名城,其周边 250 千米范围内拥有广西 80% 以上的 AAAA 级景区,显示出其旅游业的强大实力。北海市作为广西的海滨城市,凭借其丰富的海滨旅游资源和作为古代"海上丝绸之路"始发港的历史地位，具有旅游业发展的天然优势。河池市以其"世界长寿之乡"的美誉和作为壮族歌仙刘三姐的故乡而闻名，其旅游业具有鲜明特征。百色市则以其多彩的旅游资源和以红色旅游为代表的特色而闻名全国，百色起义纪念园2020年1月提升为国家 AAAAA 级旅游景区。然而，旅游业发展指数排名较低的城市，如贵港市和来宾市，其发展态势相对缓慢，这可能会进一步加大与其他城市间的差距。

3.1.4.2 民生综合发展指数分析

广西各地级市的民生综合发展指数整体上呈波动上升的趋势（见图 3-2）。

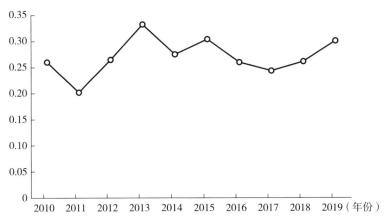

图 3-2 广西 14 个地级市民生综合发展指数趋势（2010~2019 年）

由图 3-2 可知，在 2010~2011 年、2013~2014 年及 2015~2017 年，民生综合发展指数经历了小幅下滑。相对地，在 2011~2013 年、2014~2015 年及 2017~2019 年，民生综合发展指数呈稳步上升的态势。

从空间分布的角度来看，广西各地级市的民生综合发展指数呈现不均衡的格局（见图 3-3）。其中，处于广西南北轴线上和北部湾城市群的各地级市，民生综合发展指数相对较高，包括南宁市（0.859）、柳州市（0.527）、桂林市（0.333）、北海市（0.433）、防城港市（0.396）及钦州市（0.368）。广西其他地区则表现相对较弱，如西部地区的河池市（0.158）和百色市（0.138）。

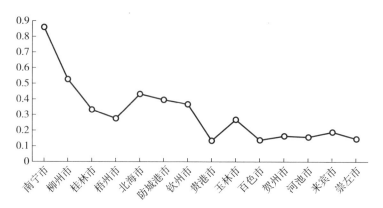

图 3-3　广西 14 个地级市民生综合发展指数均值分布

3.1.4.3　耦合协调度水平变化分析

广西 14 个地级市的旅游业发展与民生综合发展间的耦合协调度在 2010~2019 年总体保持稳定，并呈向"南北黄金旅游线"城市集中的趋势，形成了"中心强，两翼弱"的格局（见图 3-4）。

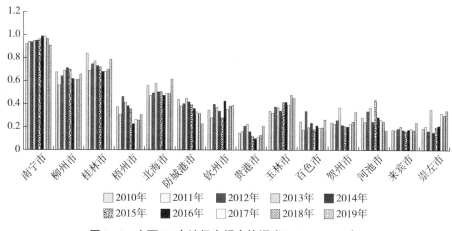

图 3-4　广西 14 个地级市耦合协调度（2010~2019 年）

2010~2019 年，各市的耦合协调度水平并未出现显著波动。在城市间的对比中，可将城市分为协调和不协调两个等级。南宁市和桂林市表现突出，年均耦合协调度分别达 0.950 和 0.731，显示出两城市在旅游业和民生发展方面的高度一致性和协调性。柳州市和北海市则分别达到了初级协调和基本协调的水平，耦合协调度分别达 0.645 和 0.516，表明这两个城市的旅游业与民生综合发展在一定程度上实现了协调。玉林、防城港、钦州和梧州，处于轻度失调状态；河池市、贺州市、崇左市和百色市属于中度失调状态；而来宾和贵港面临极度失调状态。通过分析 2010 年、2013 年、2016 年和 2019 年的数据(见表 3-3)，可以明显观察到城市间耦合协调度的差异。

表 3-3　广西 14 个地级市耦合协调关系(2010 年、2013 年、2016 年、2019 年)

地级市	2010 年	2013 年	2016 年	2019 年
南宁市	高度协调	高度协调	高度协调	高度协调
柳州市	初级协调	初级协调	初级协调	初级协调
桂林市	高度协调	高度协调	初级协调	高度协调
梧州市	轻度失调	濒临失调	中度失调	轻度失调
北海市	基本协调	基本协调	濒临失调	初级协调
防城港市	濒临失调	濒临失调	轻度失调	中度失调
钦州市	轻度失调	轻度失调	濒临失调	轻度失调
贵港市	极度失调	中度失调	极度失调	中度失调
玉林市	轻度失调	轻度失调	濒临失调	濒临失调
百色市	中度失调	极度失调	中度失调	中度失调
贺州市	中度失调	轻度失调	中度失调	轻度失调
河池市	中度失调	轻度失调	中度失调	极度失调
来宾市	极度失调	中度失调	极度失调	中度失调
崇左市	极度失调	轻度失调	中度失调	轻度失调

广西的旅游业与民生综合发展的耦合协调度呈现明显的两极分化现象。10 个城市存在不同程度的失调，这些城市多数是广西旅游业发展的新兴区域，评价结果揭示了在发展水平和相互关系方面存在的缺陷。与此同时，4 个耦合协调度表现良好的城市，即南宁市、桂林市、柳州市和北海市，正是位于广西南北黄金旅游线上的关键节点，也是广西的传统旅游目的地，深受旅游市场和消费者青睐。这表明，具有先发优势的旅游目的地在旅游业发展和民生综合发展方面具有较强的竞争力，很难为其他城市所赶超。

3.2 广西地级市的旅游民生效率分析

3.2.1 理论框架

旅游目的地的旅游业与当地民生可视为一个统一的系统，其中从旅游流作为驱动力，可通过投入产出分析的原理来衡量其整体效率。在中国，旅游业通常被定位为多个区域的支柱产业。历史上，优先发展旅游业被视为扩大出口和增加外汇储备的重要策略，这在中国特定经济时期发挥了关键作用。将旅游业作为国民经济发展的主导产业，并在此方向上取得显著成就，已成为中国旅游业发展的一个鲜明特点（张凌云，1989）。在旅游业的带动下，区域间的人流、物流、资金流得到促进，旅游业在推动经济发展、构建和谐社会、优化生态环境等方面的作用逐渐得到认识和重视（马耀峰，2010）。特别是在大旅游业的框架下，通过满足多样化的旅游需求，旅游业不仅推动了餐饮、住宿、交通、购物、娱乐等相关行业的发展，还通过其对关联产业的带动作用，将影响拓宽到工业、农业、教育、医疗及科技等多个领域。这促进了文化创意、会展、娱乐等新兴业态的发展，进而在最大限度上刺激就业市场，实现增进民众福祉和提高民众财富的目标。由此可见，游客的异地空间移动形成的旅游流，在推动民生发展的过程中扮演了关键角色，它是激发后续社会经济效应的起点。

尽管某些地区凭借其旅游资源优势和良好的旅游业发展潜力能够通过发展旅游业来改善民生，但财政投入在提升民生水平方面发挥着更为直接的作用。自1978年改革开放以来，随着我国从计划经济向市场经济的转型，财政支出的性质也经历了从"生产建设性财政"向"民生财政"的历史性转变（安体富，2008）。随着我国经济发展进入新阶段，民生问题已成为政府和"两会"代表、委员关注的焦点。财政资金的使用逐渐从经济建设领域转向教育、医疗、社会保障、就业、环境保护、农业和林业等民生领域，并逐年增加投入，从而促进了社会民生水平的提升和改善。然而，从效率角度来看，民生财政支出的效率呈现地域性差异。一些地区通过民生投入取得了显著成效，而其他地区可能存在民生投入的低效和浪费现象（谢园青、周慧，2017）。

总体而言，本书提出的旅游民生效率概念，是指在旅游业作为主导或支柱产业的地区，旅游流综合作用下，旅游业与民生投入对民生综合发展产出的比率。本书旨在全面考量旅游业在提升民生水平过程中的逻辑性和历史现实性，采用了两阶段网络 DEA 模型作为测量手段，如图 3-5 所示。

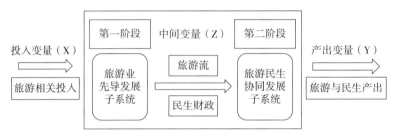

图 3-5 旅游民生效率的网络结构

这种方法超越了传统单阶段效率测量的局限，综合考量了旅游业在我国作为先导产业的历史演进，突出了游客异地移动形成的"旅游流"在民生改善过程中的中介作用。同时，它还结合了民生财政对区域民生的支撑作用，促进了对旅游业先导发展阶段和旅游民生协同发展阶段的两阶段效率分析。此外，广西作为中国著名的旅游大省，其 14 个地级市中有 13 个被评为中国优秀旅游城市，优秀旅游城市比例高达 92.9%。因此，选择广西地级市作为案例进行研究，不仅具有高度的代表性，也显示出良好的适应性和实践价值。

3.2.2 研究方法

3.2.2.1 两阶段 Super-NSBM-Malmquist 模型

NSBM 模型是 DEA 领域的一个高级应用，它结合了网络 DEA 和 Tone 在 2001 年首次提出的 SBM 模型。SBM 模型通过引入松弛变量，解决了传统径向 DEA 模型在无效率测量方面的不足，使效率值能够反映松弛改进的部分。然而，无论是传统 DEA 还是 SBM 模型，它们通常采用一次性的投入产出测量方法，导致效率测量过程类似于一个"黑箱"，无法清晰揭示系统内部的运行机制。为克服这一局限，Tone 和 Tsutsui 在 2010 年对 SBM 模型进行了进一步的改进和拓展，发展了动态网络 DEA 模型。这种模型不仅能够评估决策单元（Decision Making Unit，DMU）的整体效率，还能深入观察内部各个子阶段的效率情况。此外，超效率 DEA 模型的应用有助于更细致地区分那些在 DEA 评估中表现有效的决策单元（张浩、杨慧敏，2017）。综合考量了这些模型的特点后，本书选择了在可变规模报酬条件下产出导向的两阶段超效率网络 SBM 模型（Super-NSBM），以实现更为精确的效率分析，如式（3-6）所示：

$$\theta_o = \min_{\lambda^n \times s^{n-} \times s^{n+}} \frac{\sum\limits_{n=1}^{N} w^n \left[1 - \dfrac{1}{r_n} \left(\sum\limits_{p=1}^{r_n} \dfrac{s_{po}^{n-}}{x_{po}^{n}} \right) \right]}{\sum\limits_{n=1}^{N} w^n \left[1 + \dfrac{1}{s_n} \left(\sum\limits_{q=1}^{s_n} \dfrac{s_q^{n+}}{y_q^{n}} \right) \right]}$$

$$\text{s.t.} \sum_{j=1}^{m} x_j^n \lambda_j^n + s^{n-} = x_o^n, \quad n = 1, 2, \cdots, N$$

$$\sum_{j=1}^{m} y_j^n \lambda_j^n - s^{n+} = y_o^n, \quad n = 1, 2, \cdots, N$$

$$\sum_{j=1}^{m} z_j^{(n \to v)} \lambda_j^n = \sum_{j=1}^{m} z_j^{(n \to v)} \lambda_j^v = z_o^{(n \to v)}, \quad (n \to v) \in L$$

$$s^{n-} \geq 0, \ s^{n+} \geq 0, \ \lambda_j^n \geq 0$$

$$\sum_{n=1}^{N} w^n = 1$$

$$\sum_{j=1}^{m} \lambda_j^n = 1$$

$$\lambda_j^n \geq 0, \ \forall j, \ n \tag{3-6}$$

式中：决策单元 DMU_j 有 m 个决策单元和 N 个子阶段。子阶段 n 包含 r_n 个投入和 s_n 个产出。x_j^n 为 DMU_j 子阶段的投入向量；y_j^n 为 DMU_j 子阶段的产出向量。$z_j^{(n \to v)}$ 为中间变量，是子阶段 n 的产出，同时也是子阶段 v 的投入。λ^n 为 n 阶段的模型权重；w^n 为 n 阶段的权重；s^n 为松弛变量。

本书中，相关参数做如下设定：因旅游民生效率进行的是两阶段分析，所以 $n=2$，并且考虑到优秀旅游城市中旅游民生发展的两个阶段同等重要，所以在模型中设定各阶段的权重相等。当两个阶段的 DEA 效率值大于等于 1 时，视为 DEA 有效，否则为 DEA 无效。在旅游民生效率最优规模未清晰界定的背景下，本书在规模报酬可变（Variable Returns to Scale，VRS）的前提下进行超效率（$SPTE_{vrs}$）测量。参照相关文献，超效率值 $SPTE_{vrs} \geqslant 1$ 表示有效；$0.8 \leqslant SPTE_{vrs} < 1$ 表示效率较高；$0.6 \leqslant SPTE_{vrs} < 0.8$ 表示效率中等；$0.4 \leqslant SPTE_{vrs} < 0.6$ 表示效率较低，$SPTE_{vrs} < 0.4$ 表示无效率（戴克清等，2019）。

当评价的 DMU 包含多个时间点观测值时，就可分析生产率的变化，即 Malmquist 全要素生产率（Total Factor Productivity，TFP）指数。为构建网络 DEA 模型的 Malmquist 指数，本书参考了赵昕等多位学者的做法，利用 NSBM 的距离函数构建了旅游民生效率值的全要素生产率 Malmquist 指数。如式（3-7）所示：

$$MI_t^{t+1} = \frac{D_0^{t+1}(x^{t+1}, y^{t+1}, z^{t+1})}{D_0^t(x^t, y^t, z^t)} \times \left[\left(\frac{D_0^t(x^{t+1}, y^{t+1}, z^{t+1})}{D_0^{t+1}(x^{t+1}, y^{t+1}, z^{t+1})} \right) \times \left(\frac{D_0^t(x^t, y^t, z^t)}{D_0^{t+1}(x^t, y^t, z^t)} \right) \right]^{1/2}$$

$$= TEC_t^{t+1} \times TC_t^{t+1} \tag{3-7}$$

子阶段 v 的 Malmquist 指数表达式如式（3-8）所示：

$$MI_{vt}^{t+1} = \frac{D_{0v}^{t+1}(x^{t+1}, y^{t+1}, z^{t+1})}{D_{0v}^t(x^t, y^t, z^t)} \times \left[\left(\frac{D_{0v}^t(x^{t+1}, y^{t+1}, z^{t+1})}{D_{0v}^{t+1}(x^{t+1}, y^{t+1}, z^{t+1})} \right) \times \left(\frac{D_{0v}^t(x^t, y^t, z^t)}{D_{0v}^{t+1}(x^t, y^t, z^t)} \right) \right]^{1/2}$$

$$= TEC_{vt}^{t+1} \times TC_{vt}^{t+1} \tag{3-8}$$

当该指数大于 1 时，表示生产率的增长，反之则为下降。MI 指数可进一步分解为规模报酬不变条件下的技术效率变动（TEC）和技术变动（TC），在规模报酬可变情况下，技术效率变动可进一步分解为纯技术效率变动（$PTEC$）和规模效率变动（SEC），如式（3-9）所示：

$$MI = TECcrs \times TCcrs = PTECvrs \times SEC \times TCcrs \tag{3-9}$$

3.2.2.2　指标设置与数据来源

鉴于国内自 2009 年起在理论上对旅游民生特征的探索，本书采用连续的面板数据，对旅游业视角下的民生效应进行分阶段的跨期评估。在旅游业的先导发展阶段，本书将餐饮、住宿、交通、游览、购物、娱乐等要素部门的资源投入和人力资源作为关键的输入指标。而在旅游民生的协同发展阶段，我们考虑旅游业发展所带动的旅游流，以及民生财政各领域的投入，将其作为提升旅游地民生环境和促进旅游收入增长的第二阶段输入。为构建旅游民生效率评价指标体系，本书采用一阶 n 期投入指标 X_1、X_2，中间变量指标 Y_1，二阶 v 期增加投入指标 X_3 及最终产出指标 Y_2、Y_3，如表 3-4 所示。评价数据主要源于《广西统计年鉴》(2011~2020 年)、广西各地市年鉴及统计年鉴、国民经济与社会发展统计公报。这些数据均可在广西统计局官方网站及中国知网年鉴数据库中获取。

表 3-4　旅游民生效率投入产出指标

指标属性	指标变量	指标名称	评价目标及内涵
旅游业先导发展阶段(n)	X_1	旅游资源投入	区域旅游业在核心发展资源上的投入，包括饭店和景区数量
	X_2	旅游人力投入	区域旅游业在关键行业领域从业人员数量，包括住宿、餐饮、文化、体育和娱乐业等
中间变量	Y_1	旅游接待流量	区域游客接待量总量
旅游民生协同发展阶段(v)	X_3	民生资本投入	区域民生财政支出投入水平，包括与民生密切相关的财政支出科目
最终产出	Y_2	旅游业总收入	区域旅游业收入总量
	Y_3	民生发展指数	区域民生发展状况，包括经济发展、民生改善及生态建设三个方面

在旅游业先导发展阶段(n 期)，将旅游六要素中的关键要素纳入评价指标体系已成为旅游研究的通用做法(马舒霞等，2018)。旅游资源投入的关键指标主要包括高星级的酒店数量，如五星级、四星级和三星级，以及不同等级的旅游景区，包括 AAAAA、AAAA 和 AAA 级。选择这些指标的原因在于，酒店业满足了旅游者的基本食宿需求，而景区提供了游览、休闲、度假等旅游活动的专门区域，这两者均是旅游业发展的重要支柱。在赋权过程中，根据相关研究，我们为三类酒店及景区分别赋予了 0.6、0.3 和 0.1 的权重，并通过熵权法进行综合计算，以得到旅游资源投入的指标。此外，旅游人力资源的投入也是关键因素之一，主要包括在住宿、餐饮、文化、体育和娱乐等旅游关键行业的从业人数。

在旅游民生协同发展阶段(v期)，本书选择旅游接待流量作为连接两个发展阶段的中介变量，这一选择主要基于两个原因。首先，旅游流作为旅游者从客源地向目的地的集体性空间移动现象，直接由旅游地的吸引力引发（李振亭等，2012）。旅游流的规模与旅游地的景区吸引力、接待容量及其承载能力存在直接的相关性。其次，旅游流带来的资金、物质、信息和文化流动对提升旅游地居民的生活质量、增加收入水平，以及改善居住环境都有密切联系。同时，鉴于民生财政的考量，本书认为将财政支出明确区分为民生性支出和非民生性支出在现实操作中是必要的（储德银、闫伟，2010）。基于此，研究将增加民生资本投入视为第二阶段的新投入变量，并纳入了相关的教育、文化和体育传媒、社会保障和就业、医疗卫生、住房保障等关键领域。最后，还将考虑与民生密切相关的科技、节能环保、城乡社区事务、农业、林业、水利、交通运输、商业服务业、国土资源、气象、粮油物资储备等 13 个财政支出类目。

本书将旅游业总收入和民生发展指数作为评估的最终产出指标。旅游业总收入涵盖了国际旅游收入和国内旅游收入两个部分。民生发展指数则综合反映了经济发展、民生改善和生态建设三个关键维度。经济发展的评估通过人均 GDP 和服务业增加值占 GDP 的比重来实现。民生改善则通过一系列指标进行衡量，包括城镇居民人均可支配收入、农村居民人均可支配收入、每万人卫生机构床位数、每万人互联网用户数，以及每万人民用汽车拥有量。生态建设的评估侧重生活污水处理率和人均绿地面积等指标。为确保民生发展指数的科学性和客观性，本研究采用熵值法对各指标进行赋权，进而计算得出综合指数。

3.2.2.3 数据检验

为了利用 Super-NSBM 模型进行效率测量，我们需确保样本的投入和产出具有等张性，即选取的相关指标应具备一定的内在相关性。因此，本书对广西 14 个地级市的旅游与民生的年度样本数据进行了 Pearson 相关性检验。检验结果如表 3-5 所示。

Pearson 相关性检验的结果表明，在两个发展阶段中，绝大多数的投入和产出指标在 1% 或 5% 的水平上呈显著正相关性。这一发现为我们建立的效率评价模型的有效性提供了统计学上的支持。

表 3-5　投入产出变量 Pearson 相关性

指标	平均值	标准差	X_1	X_2	Y_1	X_3	Y_2	Y_3
X_1	5355.86	8818.82	1	—	—	—	—	—
X_2	0.334	0.294	0.641*	1	—	—	—	—
Y_1	4880.69	3170.37	0.911**	0.820**	1	—	—	—
X_3	252.33	117.49	0.829**	0.757**	0.838**	1	—	—
Y_2	544.277	374.048	0.844**	0.848**	0.985**	0.806**	1	—
Y_3	0.314	0.221	0.858**	0.432	0.742**	0.604*	0.664**	1

注：* 表示在 0.05 水平（双侧）上显著相关，** 表示在 0.01 水平（双侧）上显著相关。

3.2.3　效率测量与结果分析

3.2.3.1　旅游民生效率整体评价

广西 14 个地级市的旅游民生效率值总体上呈现微小波动中的稳定趋势，并趋近 DEA 有效性的高效率水平。具体来看，如图 3-6 和图 3-7 所示，2010~2011 年及 2012~2015 年，广西 14 个地级市旅游民生效率值呈上升趋势。尽管近年来有所下降，但整体效率值仍达 0.937，维持在高效率区间。这一结果表明，旅游业的先导发展和民生资本的投入对民生改善具有显著的积极影响。

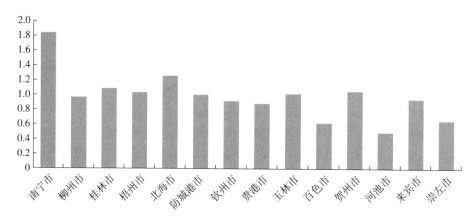

图 3-6　广西 14 个地级市旅游民生效率均值（2010~2019 年）

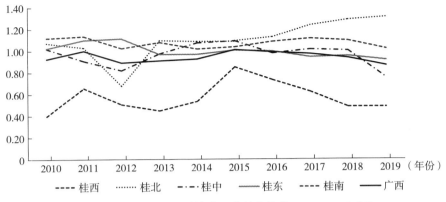

图 3-7 广西五大区域旅游民生效率均值(2010~2019 年)

在广西的 14 个地级市中，旅游民生效率值的分布显示出明显的不均衡性(见图 3-6)。南宁市以其 1.835 的效率均值，实现了 DEA 有效性。作为广西的首府、北部湾城市群的核心、桂南地区的主要游客集散地，以及一个重要的综合交通枢纽，南宁市在推动民生发展方面效率卓越。北海市旅游民生效率达 1.257。北海市利用其作为全国首批对外开放的沿海城市、古代"海上丝绸之路"重要始发港的地理优势，其丰富的滨海度假旅游资源，实现了较高的民生发展效率。桂林市作为一个国际知名的旅游目的地，其旅游民生效率值为 1.082，这一数值反映了该市对民生发展的显著推动作用。贺州、梧州、玉林和防城港市的旅游民生效率值均达到或超过 1，同样实现了 DEA 有效性，这表明了这些城市的旅游业在促进民生改善方面的领先地位。此外，柳州市、来宾市、钦州市和贵港市的旅游民生效率也位于高效率区间，效率值分别为 0.964、0.943、0.916 和 0.883。崇左市和百色市的效率值处于中等区间，而河池市的效率值相对较低，仅为 0.493。这表明，对一些相对欠发达的地区，旅游业及其相关的民生投入在提升民生水平方面的潜力尚未得到充分发挥。

进一步将广西划分为五大区域后发现，各区域城市在民生超效率方面存在差异(见图 3-7)。桂北地区，以桂林市为代表，民生效率值达到 1.082。桂南地区(包括南宁市、崇左市、北海市、钦州市和防城港市)，民生效率均值为 1.067。这两个区域的旅游民生效率均达到了 DEA 有效水平。桂东地区(包括梧州市、贺州市、玉林市和贵港市)和桂中地区(包括柳州市、来宾市)的效率均值分别为 0.992 和 0.954。然而,桂西地区(包括百色市与河池市)的效率均值仅为 0.554,这表明该地区在利用旅游业推动民生改善方面的效率需进一步提升。

3.2.3.2 旅游民生效率子阶段分析

虽然旅游民生效率值可反映旅游民生投入产出的整体绩效,但其可能无法全面揭示民生提升过程中存在的所有问题。因此,进行子阶段效率测量的深入分析是必要的。从第一阶段的效率分析来看,广西的东西两翼城市,以及以南宁市为核心的城市均达到了 DEA 有效性,而其他城市也展现出了相对较高的效率值,这表明旅游业在引领民生发展方面发挥了积极作用。然而,在第二阶段的效率分析中,不同地区的效率差异变得更加显著。除了省会城市南宁保持最高的效率,旅游民生协同发展的效率大致呈自东向西的递减趋势,这表明了区域间在旅游民生协同发展上存在的差异性和不平衡性。

各城市在两个发展阶段的效率差异揭示了旅游民生发展的多样特性。为直观地展示这些差异,我们在矩阵图中绘制了两个阶段效率值的散点图,以"旅游业先导发展阶段"和"旅游民生协同发展阶段"分别作为 X 轴和 Y 轴。根据效率值的高低,我们设定了 $SPTE_{vrs} \leqslant 1$ 和 $SPTE_{vrs} > 1$ 作为分界线,并据此将散点图划分为四个象限(见图 3-8)。

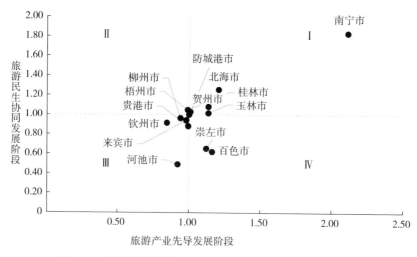

图 3-8 旅游民生效率两阶段效率值矩阵(2010~2019 年)

象限Ⅰ：包含两个阶段效率值均为 DEA 有效的地区，这部分占据了样本的 42.9%。象限Ⅱ：表示第一阶段效率值略低，但在第二阶段达到 DEA 有效的地区，占样本的 7.1%。象限Ⅲ：涵盖了两个阶段效率值均不足的地区，占样本的 35.7%。象限Ⅳ：包括第一阶段效率值达到 DEA 有效，但第二阶段效率值略低的地区，占样本的 14.3%。通过这种四象限的划分，我们可更清晰地识别各地区在旅游民生发展过程中的优势和不足，为进一步的政策制定和资源配置提供依据。

在第一象限的地区中，旅游业先导发展阶段和旅游民生协同发展阶段均实现了 DEA 有效性。南宁市的表现尤为显著，其在两个阶段的效率值均处于领先地位，这不仅进一步凸显了旅游民生效率的区域空间分异性，也反映了大城市在城镇化进程中资源配置和利用的高效性（马晓龙、保继刚，2010）。北海市、桂林市、玉林市、梧州市及防城港市同样在两个阶段均达到了 DEA 有效，但值得注意的是，前三个城市的旅游先导阶段效率显著高于民生协同发展阶段，表明这些城市的旅游资源优势更为明显，且产业投入在吸引游客流量方面的效率更为突出。

在第二象限的地区中，虽然旅游业先导发展阶段的效率相对较弱，但在旅游民生协同发展阶段却实现了 DEA 有效性。贺州市是该象限的唯一代表，位于湖南、广东和广西三省的交界处，拥有黄姚古镇、姑婆山国家森林公园、贺州温泉等丰富的旅游资源。然而，由于邻近国际知名的旅游胜地桂林，贺州市的旅游业发展在一定程度上受到了"形象屏蔽"效应的影响，这对其在旅游业先导发展阶段的效率产生了负面影响。从 2010~2019 年的效率数值来看，贺州市在第一阶段的效率值呈稳步增长的趋势，显示出其效率正处于持续改善和提升的过程中。

第三象限的地区在旅游业先导发展阶段和旅游民生协同发展阶段均表现相对不足。这些地区包括广西的 5 个地级市。特别是柳州、来宾和贵港 3 市，在效率矩阵中相对集中，且在地理空间上大致位于广西中部。尽管这些城市拥有各自独特的旅游资源，但它们的效率值在两个阶段普遍低于南宁市、桂林市和北海市等省会城市和著名旅游度假胜地。钦州市在旅游业先导发展阶段的效率较民生协同发展阶段更低，这反映出其旅游投入在吸引游客方面的引流能力有待加强。而河池市在旅游民生协同发展阶段的效率尚为不足，尽管在第一阶段达到了 0.921 的效率值，但在第二阶段降至 0.493，这凸显了河池市在将旅游流转化为民生产出方面的转化能力存在较大提升空间。

第四象限的地区在旅游业先导发展阶段达到了 DEA 有效性，但在旅游民生协同发展阶段表现相对较弱。这一区域包括广西西南部的崇左市和百色市两个相邻城市。崇左市作为通往东盟的重要陆路通道，拥有德天跨国瀑布、宁明花山风景区和凭祥友谊关等知名景点。百色市以其红色历史背景著称，拥有百色起义纪念园等 AAAAA 级旅游景区，是全国重要的红色旅游资源集中地和爱国主义教育基地。尽管两城市在旅游业先导发展阶段成功吸引了大量游客，但在民生协同发展阶段的效率值仅为 0.654 和 0.621，表明其在将旅游优势转化为民生发展动力方面仍面临挑战。

3.2.3.3 全要素生产率变动及其分解

本书基于 2010~2019 年广西 14 个地级市的面板数据，运用 Malmquist 指数（MI）方法对旅游业先导阶段和旅游民生协同发展阶段的全要素生产率及其分解指数进行了测算（见图 3-9）。

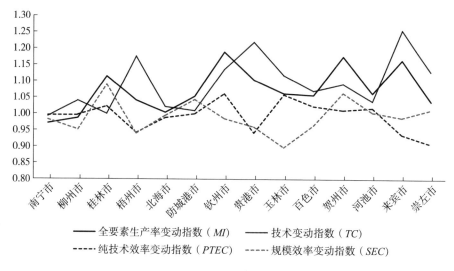

图 3-9 广西 14 个地级市全要素生产率变动及分解

技术变动指数(TC)衡量了在规模报酬不变假设下的技术变化，而技术效率变动指数(TEC)反映了相同条件下的效率变动。TEC 指数可进一步分解为纯技术效率变动指数($PTEC$)和规模效率变动指数(SEC)，这两个指数是在考虑规模报酬变化的情况下获取的。以 Malmquist 指数作为全要素生产率(TFP)的全面度量，反映了产业的动态升级和生产力发展水平。在本书中，Malmquist 指数用于展示旅游民生领域跨年度的生产率变化情况。当 Malmquist 指数大于 1 时，表明生产率整体上有所提升；若指数小于 1，则意味着生产率有所下降。

综合分析广西 14 个地级市的数据后发现，2010~2019 年旅游民生的全要素生产率(TFP)为 1.072，年均增长率为 0.072%，这一增长率呈现旅游民生领域良好的增长态势，并反映出旅游业对广西各城市民生的积极推动作用。指数分解的结果表明，广西旅游民生 Malmquist 指数的增长主要得益于技术变动指数(TC)的提升，而纯技术效率变动指数($PTEC$)和规模效率变动指数(SEC)略有下降。这表明技术进步是推动广西旅游民生效率提升的关键因素。

进一步观察各地级市的具体情况，我们发现全要素生产率(TFP)的增长并不总是与旅游民生效率的提升同步。在 14 个城市中，有 12 个实现了 TFP 的增长，其中钦州市、贺州市、来宾市、桂林市和贵港市的 Malmquist 指数增长最为显著，分别为 1.189、1.176、1.165、1.114 和 1.104。尽管这些城市在效率方面可能存在不足，但其生产力的显著跨年增长预示着有潜力实现更优秀的旅游民生效率。值得注意的是，桂林市作为广西的传统国际旅游城市，在两个发展阶段均实现了旅游民生效率的提升，并保持着全要素生产率的快速增长。此外，桂林市在 TC、$PTEC$ 和 SEC 等分解指标上也实现了全面进步，这表明其旅游业对民生的驱动效果正在不断深化。然而，柳州市和南宁市的 Malmquist 指数出现了下降。以南宁市为例，尽管旅游民生绩效整体表现良好，但 Malmquist 指数的降低反映出 TC、$PTEC$ 和 SEC 等分解指标的全面下降，这意味着南宁市在旅游民生效率改善方面面临一定的制约。

4
广西乡村旅游流与农户生计及效率

乡村旅游流的兴起和发展，已成为现代旅游业发展的重要趋势，并且在推动乡村地区经济社会转型中扮演着重要角色（王朝辉等，2020）。无论是在中国还是在全球范围内，乡村旅游流的增长不仅映射出人们对回归自然、追求本真生活方式的渴望，也反映出对传统文化和自然景观的重视与保护。因此，乡村旅游流已成为连接城乡发展的重要纽带，其对农户生计的变化产生了深远的影响，这一点尤其值得进行深入研究和探讨。

4.1　广西桂北乡村旅游地——阳朔农户生计分析

4.1.1　广西阳朔案例地概况

阳朔县的文化和旅游发展成就斐然，尤其在第十四届中国文博会上荣获"2018 中国最美县域"的称号，这不仅是对其自然美景的认可，也是对其文化魅力和旅游发展成果的肯定。2019 年，阳朔县被文化和旅游部评选为首批"国家全域旅游示范区"，成为当年广西唯一获此殊荣的县域。这一称号进一步凸显了阳朔县在全域旅游发展方面的先进经验和模式，表明阳朔县在旅游资源整合、文化旅游深度开发、生态旅游保护及乡村旅游创新等方面取得了显著成效。除了自然景观，阳朔县还拥有丰富的文化资源和历史遗迹，包括古老的村落、传统的手工艺品和独特的地方戏剧，这些文化元素同自然景观相得益彰，为游客提供了深度的文化体验和旅游享受。乡村旅游的发展，特别是以田园风光、传统村落和农业体验为特色的旅游项目，为游客提供了回归自然、体验乡村生活的机会，同时也为当地经济的发展和乡村振兴贡献了力量。阳朔县以其优美的自然风光、丰富的文化底蕴和成熟的旅游业，成为国内外游客向往的目的地，展现了中国乡村旅游和全域旅游发展的成功典范。

阳朔县的旅游业在多年发展中，无论是在接待规模还是接待收入方面，均呈现显著的高速增长趋势，如图 4-1 所示。

图 4-1　阳朔县旅游业发展规模趋势（2013~2019 年）

在 2019 年，全年接待的国内外游客总数达 2018.82 万人次，同比增长了 15.2%。具体来看，国内游客数量达 1944.22 万人次，增长了 15.7%；而入境过夜游客数量达 74.60 万人次，增长了 5.0%。在旅游消费方面，2019 年阳朔县实现了旅游总消费 289.46 亿元，同比增长了 19.5%。其中，国内旅游消费达 257.89 亿元，增长了 19.5%；入境旅游消费为 31.57 亿元，增长了19.0%。

在广西阳朔县，旅游业已成为推动当地经济发展的重要引擎，实现了促进民众富裕和增加地方财政收入的双重积极效果。该行业不仅巩固了其作为地区经济支柱的地位，更显著推动了阳朔县经济结构的优化升级。目前，第三产业，特别是以旅游为主导的服务行业，在经济总量中的占比近60%，对经济增长的贡献率更是超过了 70%。在旅游业的带动下，从业人员数量已超 10 万人，这意味着在全县居民中，平均每 3 名居民就有一名直接从事旅游相关工作，使旅游业成为阳朔县最重要的经济来源之一。此外，旅游业对地方财政的贡献日渐显著，阳朔县纳税额前十名的企业中，漓江和遇龙河等景区的运营企业占据了两个席位。乡村旅游作为旅游业的一个重要分支，对当地居民的生计产生了广泛而深远的影响，成为推动地方经济发展和居民生活改善的重要力量。

为深入探讨旅游业在微观层面，尤其是乡村居民生计方面的作用，本书对阳朔县内具有代表性的村落进行了细致的生计调查。在筛选样本村落时，我们综合考虑了村落的规模、人口数量、民族文化背景的相似性，以及它们相较于核心旅游景区的地理位置。同时，也考虑了村落的地理位置、地形特点和交通条件等多种因素，以确保研究的广泛性和深入性。经过综合评估，本书最终选择了画山村、小河背村、厄根底村、韭菜山村、沙子溪村、正方村、观桥村七个特点各异的自然村落作为研究对象。这些村落中，画山村、小河背村、厄根底村、韭菜山村位于旅游核心景区附近，而其他村落相对较远，这样的选择使研究能够全面覆盖不同类型的乡村旅游对当地农户生计的影响，为旅游业发展与乡村振兴策略提供了依据和参考。

4.1.2 测量方法与数据来源

4.1.2.1 生计资本指数评价指标体系

本书采纳了由英国国际发展署提出的可持续生计框架作为理论支撑。该框架的核心目的是全面评估和深入理解个体或社区在遭遇各类外部变化时，如何有效利用其可获取的资源和资本以保障生计的可持续性。通过对广西阳朔县进行的预调研和深入分析，本书特别构建了一套指数体系，用以评价乡村旅游地居民的生计资本，即阳朔乡村旅游地居民生计资本指数（Livelihood Capital Index，LCI）。该指数体系的设计宗旨在于精确捕捉并量化影响阳朔地区居民生计资本的多个关键维度，提供一个更为科学和详尽地分析视角，以评估乡村旅游对当地居民生计资本的具体影响。此生计资本指数体系综合考量了居民生计的多个方面，包括但不限于物质资本、人力资本、社会资本、自然资本和财务资本等核心维度。每个维度下均设有一系列具体指标，这些指标旨在全面映射乡村居民如何利用和增强其生计资本，以及这些资本如何帮助他们面对生活中的挑战，促进生计的可持续性，具体细节如表4-1所示。

表4-1 乡村旅游地居民生计资本指数评价指标体系

生计资本	评价指标	说明
自然资本 （A1）	耕地面积（B1）	家庭耕地或林地总面积，单位为亩
	地块质量（B2）	良好、一般、差
物质资本 （A2）	住房面积（B3）	家庭住房总面积，单位为平方米
	生产资本（B4）	农机具、货运车辆、经营场所等
	生活资产（B5）	私家车、生活电器及日常用品等
	住房类型（B6）	洋房别墅、公寓楼房、混凝土房、砖瓦/砖木房、木土房
人力资本 （A3）	受教育程度（B7）	家庭每个人的受教育情况
	年龄结构（B8）	婴幼儿、中小学生、成人、中青年、老人
	劳动力状况（B9）	全劳动力、半劳动力、无劳动能力
社会资本 （A4）	有困难时求助对象（B10）	亲戚、朋友、无求助对象
	参加社区活动频率（B11）	经常参加、有时参加、极少参加
	邻里关系（B12）	往来频繁、一般往来、极少往来
	获得培训机会（B13）	有、无
	社会人脉（B14）	有、无
金融资本 （A5）	家庭年收入（B15）	一个自然年度家庭总收入，单位为元
	是否领取政府补助（B16）	有、无
	贷款难易程度（B17）	容易、一般、困难

（1）自然资本

自然资本是指农户所拥有或可利用的自然资源的总和，包括但不限于土地、水源、气候和生物多样性等。这些资源不仅是乡村生计活动的基础，也是农户获取生计产出的关键资产。自然资本的核心价值在于其提供的必需生态服务和资源，这些是农事活动和其他生计方式的基础。尤其在乡村地区，如本书关注的广西阳朔县，自然资本的重要性十分显著，因为大多数农户的生活和生计高度依赖自然资源的可用性和质量。

针对广西阳朔县农户的生计活动特性，本书特别关注耕地作为自然资本的一个重要组成部分。耕地是农户进行农作物种植和其他农事活动的物理基础，其总面积和地块质量直接决定了农户能够从事的农业生产规模和生产效率。因此，在评估自然资本时，本书选择了"耕地面积"和"地块质量"作为关键指标。耕地面积呈现了农户可用于农业生产的土地资源的广度，而地块质量涵盖了土壤肥力、灌溉条件、地理位置等要素，这些因素共同决定了耕地的生产潜力。

在量化自然资本的过程中，本书采用了一种具体的赋值方法来评估耕地面积和地块质量这两个指标。这种量化方法旨在提供一种客观评估自然资本对农户生计产出潜力影响的手段。通过这类方法，我们能够更精确把握不同农户在自然资本的数量和质量上的差异，以及这些差异如何影响他们的生计产出和策略选择。此外，这种对自然资本的细致测算和评估为我们提供了实证基础，有助于深入分析农户如何依赖和利用自然资源进行生计规划，并探讨如何通过合理管理和利用自然资本来提升农户生计的可持续性。具体赋值方式如表 4-2 所示。

表 4-2　自然资本赋值

资本类型	评价指标	数据指标	赋值
自然资本	耕地面积（亩）	≥50	1
		21~<50	0.75
		11~<20	0.5
		2~<10	0.25
		0~<2	0
	地块质量	良好	1
		一般	0.5
		差	0.2

（2）物质资本

本书深入探讨了物质资本在农户生计中的重要作用。物质资本被定义为家庭所拥有的一系列实体资产，这些资产在家庭的生产活动和日常生活中发挥着至关重要的作用。具体来说，物质资本包括但不限于住房资产、农用机械、运输工具，以及其他形式的家庭固定资产等。这些资产的规模和种类直接决定了农户在农业生产和家庭生活需求满足方面的能力。

在对广西阳朔地区农户生计的分析中，本书特别关注了住房类型和面积、生产资本及生活资产 4 个关键变量，以全面评估物质资本的状况。

住房类型和面积不仅反映了农户的居住条件和舒适度，也间接体现了家庭的经济水平和社会地位。生产资本，如农用机械，是提高农业生产效率和产出的关键，直接影响农业生产力的提升。而运输工具及其他家庭固定资产在家庭经济活动中起到了基础支撑作用，增强了农户在生产和市场交易中的流动性和灵活性。通过评估这些变量，本书揭示了物质资本在农户生计中的作用机制及其影响程度。本书认为，物质资本的积累和优化配置是提升农户生计质量、促进生计多样化和增强生计安全性的关键。因此，深入理解物质资本的现状和分布特征对制定有效的农村发展策略和生计改善措施至关重要。物质资本的具体赋值方法如表4-3和表4-4所示。

表4-3　物质资本赋值（住房类型和住房面积）

评价指标	数据指标	赋值	评价指标	数据指标	赋值
住房类型	洋房别墅	1.0	住房面积（平方米）	≥300	1.0
	公寓楼房	0.8		221~<300	0.8
	混凝土房	0.6		151~<220	0.6
	砖瓦/砖木房	0.4		80~<150	0.4
	土木房	0.2		0~<80	0.2

表4-4　物质资本赋值（生产资本和生活资产）

评价指标	数据指标	赋值	评价指标	数据指标	赋值
生产资本	楼房	1.0	生活资产	汽车	1.0
	货运车辆	0.75		电脑	0.75
	农用机械（如拖拉机等）	0.5		日常家电	0.5
	摩托车/电动车	0.25		其他	0.25

（3）人力资本

本书深入剖析了人力资本在塑造农户生计策略和提升收入潜力方面的核心作用。从人力资本作为一种基于个人劳动能力、教育水平及专业技能的资本形式，对生计收入的获取和增长具有至关重要的影响。这种资本的独特性在于，其不仅依托于个体的身心条件，更依赖于个体的主观能动性，即个人如何运用自身的知识、技能和体力去实现生活目标和提升生活品质。在生计资本的多个类别中，人力资本通过提升个体的工作能力和生产效率，对其他资本的获取和有效利用起到了关键的促进作用。

在量化人力资本的过程中，本书选取了受教育程度、年龄结构和劳动力状况3个关键指标进行评估。受教育程度是衡量人力资本质量的重要尺度，其不仅塑造个体的知识水平和技能掌握，也关系到个体获取信息、适应市场变化和提升工作效率的能力。年龄结构作为评估劳动力供给潜力的重要指标，直接关系家庭或社区劳动力的总体规模和素质，一个年轻化的劳动力结构有助于维持生产的活力和创新能力。劳动力状况则反映了可投入劳动的人口比例及其健康状况，对农户参与农业生产及其他生计活动的能力至关重要。通过对这些指标的综合评估，本书旨在揭示人力资本的现状、分布特征及其对农户生计的具体影响机制。本书指出，通过提升教育水平、优化年龄结构和改善劳动力状况，可有效增强农户的人力资本质量，从而提升其生计的稳定性与可持续性。具体的赋值方法如表4-5所示。

表4-5　人力资本赋值

评价指标	数据指标	赋值
受教育程度	大学及以上	1.0
	高职高专	0.8
	初中	0.6
	小学	0.4
	未受教育	0.2
年龄结构	18~<60岁	1.0
	13~<18岁	0.5
	≥60岁或0~<13岁	0
劳动力状况	全劳动力	1.0
	半劳动力	0.5
	无劳动能力	0

（4）社会资本

本书深入探讨了社会资本在农户生计发展中发挥的关键作用。社会资本基于个人或家庭在社区内外建立的社交网络、人际关系和互助机制，对促进农户生计的稳定性和提升具有显著影响。这种资本的核心价值在于其能够提供信息共享、资源获取、相互支持和合作的机会，从而在经济和社会活动中扮演重要角色。社会资本的内涵广泛，涵盖了社交圈的广度和深度、社会网络的质量和强度，以及社区参与程度等多个维度。

为量化社会资本，本书选取了 5 个具有代表性的指标：有困难时求助对象、参加社区活动频率、邻里关系、获得培训机会和社会人脉（见表 4-6）。

表 4-6　社会资本赋值

资本类型	评价指标	数据指标	赋值
社会资本	有困难时求助对象	可以向亲戚求助	1.0
		可以向朋友求助	0.5
		无可求助对象	0
	参加社区活动频率	经常参加	1.0
		有时参加	0.5
		极少参加	0
	邻里关系	往来频繁	1.0
		往来程度一般	0.5
		极少往来	0
	获得培训的机会	有	1.0
		无	0
	社会人脉	有	1.0
		无	0

有困难时求助对象直接关系个体在面临困难时能否迅速获得支持和帮助。参加社区活动频率反映了个体与社区互动的频率，频繁参与有助于增强社区的凝聚力和个体的社会归属感。邻里关系的紧密程度对日常生活的和谐与社会支持的有效性有直接影响。获得培训机会是提升个人技能和知识、扩展社会资本的关键途径。社会人脉为农户提供更多信息和资源，以帮助农户捕捉生计改善的机会。

通过这类指标评估，本书旨在揭示社会资本的构成和特征，以及其对农户生计策略和结果的具体影响。本书强调，加强社会资本建设，如促进社区活动、加强邻里关系、提供培训机会和拓展人脉资源，不仅能增强农户应对生活困难和挑战的能力，还能促进资源的有效利用和信息的快速流通，支持农户生计的可持续发展。此外，本书对社会资本的系统分析为理解农户如何利用社交网络和社区资源改善生计提供了新视角，并为制定旨在加强社区凝聚力和提升农户生计能力的政策和项目提供了实证基础。具体赋值方法如表4-6所示。

（5）金融资本

金融资本通常是指农户在生产经营活动中融资的能力，包括其获取贷款和其他金融服务的途径。这一资本对农户的生计发展起着至关重要的作用，既是农户顺利开展生产活动和增强消费能力的基础，也是促进生计改善和驱动经济增长的关键因素。农户在资金获取上的不足，通常是制约其生产生活可持续性及生活质量提升的主要障碍。

为评估金融资本在农户生计中的作用，本书选定了家庭年收入、是否领取政府补助和贷款难易程度3个核心指标。家庭年收入不仅直接反映农户的经济状况，也是衡量其再生产投资能力的重要指标。其具有双重性质：一方面，家庭年收入的再投资是支撑生计活动的关键资本；另一方面，收入增加也是生计策略成功的重要标志，既是资本的一部分，也是产出结果。是否领取政府补助作为外部经济支持，对缓解农户资金压力、激励农业创新和提高生产效率具有重要作用。贷款难易程度直接关系农户扩大生产、改善生活和应对紧急情况的能力。易于获取的贷款能够显著提高农户的金融适应性，增强其面对市场和自然风险的能力。

金融资本的评估有助于深入理解其在促进农户生计发展中的关键作用。通过优化农户的金融资本状况，如增加家庭收入、简化贷款流程、提供更多政府补助等措施，可以有效提升农户的生产经营能力，改善生活水平，推动农村经济的可持续发展。本书对金融资本的综合评估为制定农户生计改善策略和优化农村金融服务体系提供了理论和实践指导，目标是为农户创造一个更加稳定、灵活和包容的金融环境。具体的赋值方法如表4-7所示。特别指出，家庭年收入是一个具有特殊意义的指标，当农户将大部分收入投入再生产时，其既是生计资本的一部分，也是生计产出的体现。

表4-7 金融资本赋值

资本类型	评价指标	数据指标	赋值
金融资本	家庭年收入	≥8万	1.0
		6万~<8万	0.8
		4万~<6万	0.6
		2万~<4万	0.4
		0~<2万	0.2
	是否领取政府补助	有	1.0
		无	0
	贷款难易程度	容易	1.0
		一般	0.5
		困难	0

4.1.2.2 数据来源

本书通过详尽的入户问卷调查方法收集了乡村旅游地区村落居民的基础数据。调查重点覆盖了广西阳朔县的若干村落，具体包括兴坪古镇附近的画山村、厄根底村、韭菜山村、小河背村，以及阳朔镇周边的沙子溪村、正方村、观桥村。数据收集工作分为两个阶段，分别于2018年11月和2019年6月进行，每阶段持续时间约为一周。在数据收集过程中，本书采用了便利抽样法。为确保调查的顺利进行和数据的准确性，调研团队或借助熟悉当地情况的居民作为向导，或聘请熟悉当地环境的长者提供协助。这些措施显著提升了问卷数据收集的效率和质量。每份问卷的完成时间在35~55分钟。在阳朔调研区域内，共发放了267份问卷，其中243份得到了接受并被完整填写，问卷回收率达91.01%。后期经过细致筛选，排除了11份存在明显错误或矛盾的问卷，最终有效问卷数量为232份，有效回收率为95.47%。

本次调研收集的问卷数据涵盖了1154名当地农户及外来经营户人员的信息。在外来经营户中，共有9户44人，主要集中在画山村经营民宿业务，占总调研人数的比例极小。其余受访者均为当地村落的农户，占比达

96.2%。在年龄结构方面，0~<13 岁的儿童有 196 人，13~<18 岁的青少年有 73 人，而成年人群体(18~<60 岁)构成了调研人群的主体，共计 654 人。≥60 岁的老年人口则有 231 人。受教育程序分布显示，具备大学及以上学历的有 49 人，高职高专学历 162 人，初中学历 364 人，小学学历 355 人，未受教育的有 224 人。在劳动力状况方面，全劳动力为 664 人，半劳动力为 186 人，无劳动力的人数为 304 人。

4.1.2.3　数据处理及指数计算方法

(1)标准化处理

为去除数据中不同单位的影响，本书采用极差标准化法，使用式(4-1)：

$$Y_j = \frac{X_j - X_{\min}}{X_{\max} - X_{\min}} \tag{4-1}$$

通过式(4-1)可将各类生计资本数据处理为 0~1。

式中：Y_j 为居民第 j 项数据的标准化值；X_j 为第 j 个居民的实际测量值；$X_{\max}$ 和 $X_{\min}$ 分别为样本中实际测量中的最大值和最小值。

(2)权重计算

本书采用层次分析法(Analytic Hierarchy Process，AHP)构建判断矩阵，并据此计算各项指标的相对权重。在构建判断矩阵时，我们通常采用 5 个评价等级，包括"相等""较弱""中等""较强""绝对强"，以量化指标间的相对重要性。若需更细致的评估，这些级别可以进一步细分。具体的每对指标比较及其重要性评价标准如表4-8所示。

表 4-8　判断矩阵的分值及说明

分值	说明
1	表示两两相比，强度相等
3	表示两两相比，前项与后项比较强
5	表示两两相比，前项与后项比强
7	表示两两相比，前项与后项比很强
9	表示两两相比，前项与后项比绝对强
2、4、6、8	表示两两相比判断的中间值
上列各数的倒数	如果 i 项与 j 项比值为 a_{ij}，则 j 项和 i 项比值为 $1/a_{ij}$

为确保指标权重的确定性，本书特别邀请了10位领域内的专家，征询他们对各指标权重的意见。在综合了各位专家的意见后，我们对各层次不同指标间的相对重要性进行了评分。利用 yaahp 软件，我们对所构建的判断矩阵进行了一致性检验。当一致性比率(Consistency Ratio, CR)小于0.10时，我们认为判断矩阵达到了可接受的一致性水平。

本书中涉及的生计资本判断矩阵情况如下：

第一，生计资本整体判断矩阵及 CR 检验(见表4-9)。

表4-9 五种生计资本的判断矩阵

生计资本	自然资本(A1)	物质资本(A2)	人力资本(A3)	社会资本(A4)	金融资本(A5)
自然资本(A1)	1	1/3	1/3	1/3	1/3
物质资本(A2)	3	1	1/3	1/3	1/3
人力资本(A3)	3	3	1	3	1
社会资本(A4)	3	3	1/3	1	1/3
金融资本(A5)	3	3	1	3	1
一致性比率(CR)	0.0780<0.10				

根据判断矩阵，计算得到生计资本权重：自然资本为7%、物质资本为11%、人力资本为32%、社会资本为18%、金融资本为32%。

第二，自然资本判断矩阵及 CR 检验(见表4-10)。

表4-10 自然资本判断矩阵

自然资本(A1)	耕地面积(B1)	地块质量(B2)
耕地面积(B1)	1	2
地块质量(B2)	1/2	1
一致性比率(CR)	0<0.10	

根据判断矩阵，计算得到自然资本权重：耕地面积占66.67%、地块质量占33.33%。

第三，物质资本判断矩阵及 CR 检验(见表4-11)。

表 4-11　物质资本判断矩阵

物质资本（A2）	住房面积（B3）	生产资本（B4）	生活资产（B5）	住房类型（B6）
住房面积（B3）	1	1/3	1/2	1
生产资本（B4）	3	1	1/2	3
生活资产（B5）	2	2	1	3
住房类型（B6）	1	1/3	1/3	1
一致性比率（CR）	0.0442<0.10			

　　根据判断矩阵，计算得到物质资本权重：住房类型占 12.37%、住房面积占 14.05%、生产资本占 32.08%、生活资本占 41.5%。

　　第四，人力资本判断矩阵及 CR 检验（见表 4-12）。

表 4-12　人力资本判断矩阵

人力资本（A3）	受教程度（B7）	年龄结构（B8）	劳动力状况（B9）
受教育程度（B7）	1	1/2	1/3
年龄结构（B8）	2	1	1/3
劳动力状况（B9）	3	3	1
一致性比率（CR）	0.0516<0.10		

　　根据判断矩阵，计算得到人力资本权重：年龄结构占 24.93%、受教育程度占 15.71%、劳动力状况占 59.36%。

　　第五，社会资本判断矩阵及 CR 检验（见表 4-13）。

表 4-13　社会资本判断矩阵

社会资本（A4）	有困难求助对象（B10）	参加社区活动频率（B11）	邻里关系（B12）	获得培训机会（B13）	社会人脉（B14）
有困难时求助对象（B10）	1	1/3	1/3	3	1/3
参加社区活动频率（B11）	3	1	1/3	3	1/3
邻里关系（B12）	3	3	1	3	1/3
获得培训机会（B13）	1/3	1/3	1/3	1	1/5
社会人脉（B14）	3	3	3	5	1
一致性比率（CR）	0.0873<0.10				

根据判断矩阵，计算出社会资本权重：社会人脉占 42.18%、参加社区活动频率占 16.22%、有困难求助对象占 10.37%、邻里关系占 25.37%、获得培训机会占 5.87%。

第六，金融资本判断矩阵及 CR 检验(见表 4-14)。

表 4-14 金融资本判断矩阵

金融资本(A5)	是否领取政府补助(B15)	家庭年收入(B16)	贷款难易程度(B17)
家庭年收入(B15)	1	3	3
是否领取政府补助(B16)	1/3	1	2
贷款难易程度(B17)	1/3	1/2	1
一致性比率(CR)	0.0516<0.10		

根据判断矩阵，计算得到金融资本权重：家庭年收入占 59.36%、是否领取政府补助占 24.93%、贷款难易程度占 15.71%。

(3) 生计资本综合评分

根据极差标准化处理得出的数据及居民生计资本评价各指标的权重，对居民生计资本进行综合水平评价。如式(4-2)所示：

$$Z = \sum_{j=1}^{n} Y_j W_j \qquad (4-2)$$

式中：Z 为生计资本的综合评价指数；Y_j 为第 j 项生计资本值；W_j 为第 j 项生计资本指标的权重。

4.1.2.4 乡村农户生计效率 DEA 分析法

本书旨在探讨生计资本的投入与家庭产出间的相互关系，同时特别关注生计策略的多样化如何影响家庭产出。为实现这一研究目的，我们采用了 DEA 方法，这是一种评估决策单元(DMU)相对效率的有效工具。DEA 方法最初由 Charnes、Cooper 和 Rhodes 在 1978 年提出，他们构建了一个基于规模报酬不变(Constant Returns to Scale, CRS)假设的效率评估模型，即 CCR 模型。此后，在 1984 年 Banker、Charnes 和 Cooper 在考虑规模报酬可变(VRS)的假设下，对 CCR 模型进行了进一步的改进，提出了 BCC 模型。DEA 方法通过利用输入和输出数据构建数学模型，能够评价决策单元在特定条件下的相对效率。这种方法允许我们在不同的假设条件下，对 n 个决策单元的输入向量(I_j)和输出向量(O_j)进行分析。n 个 DMU 的输入向量(I_j)和输出向量(O_j)可表示为

$$I_j = (x_{1j}, x_{2j}, \cdots, x_{mj})^T, j = 1, 2, \cdots, n$$

$$O_j = (y_{1j}, y_{2j}, \cdots, y_{qj})^T, j = 1, 2, \cdots, n \qquad (4\text{-}3)$$

式中：m 和 q 分别为输入和输出指标的数量。基于产出导向 CCR 模型和 BCC 模型，DMU 的效率评价指标 φ 需要满足以下要求：

$$\max \varphi$$

$$\text{s. t.} \sum_{j=1}^{n} \lambda_j x_{ij} \leqslant x_{ik}$$

$$\sum_{j=1}^{n} \lambda_j y_{rj} \geqslant \varphi y_{rk} \qquad (4\text{-}4)$$

$$\lambda \geqslant 0$$

$$i = 1, 2, \cdots, m; r = 1, 2, \cdots, q; j = 1, 2, \cdots, n$$

$$\min \sum_{i=1}^{m} v_i x_{ik} + v_0$$

$$\text{s. t.} \sum_{r=1}^{q} \mu_r y_{rj} - \sum_{i=1}^{m} v_i x_{ij} - v_0 \leqslant 0 \qquad (4\text{-}5)$$

$$\sum_{r=1}^{s} \mu_r y_{rk} = 1$$

$$v \geqslant 0; \mu \geqslant 0; v_0 free$$

$$i = 1, 2, \cdots, m; r = 1, 2, \cdots, q; j = 1, 2, \cdots, n$$

式中：λ 为线性组合系数；v 和 μ 为最佳值对；k 为当前测量的 DMU。家庭生计资本的技术效率（TE）通过式（4-4）计算。规模报酬可变的假设使纯技术效率（PTE）的测量成为可能，如式（4-5）所示，即测量不含规模效率（SE）技术效率。

如式（4-6）所示，CCR 模型计算的 TE 可分解为 BCC 模型和 SE 的 PTE。PTE 为受管理、技术等因素影响的效率。SE 为受规模因子影响的效率。本书以家庭为 DMU，以五类生计资本为输入变量，以家庭收入为输出变量，应用 MaxDEA 7.0 计算农户家庭的 TE、PTE、SE 效率值。同时，根据农户生计策略分类计算几何平均值。

$$TE_{crs} = PTE_{vrs} \times SE \qquad (4-6)$$

4.1.3 生计资本分析

4.1.3.1 总体生计资本指数情况

在对样本进行全面研究后发现阳朔县乡村居民的生计资本指数整体上处于中等水平,其总平均得分为 0.43。各类资本的得分从高到低依次排序为金融资本、社会资本、人力资本、物质资本和自然资本,具体排名情况如图 4-2 所示。

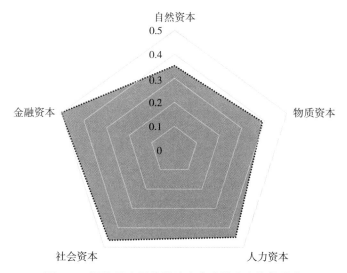

图 4-2 阳朔县乡村旅游地农户生计资本指数分布

自然资本在所有生计资本中的得分最低,平均得分仅为 0.3523。这一结果凸显了广西阳朔县乡村地区农户面临的一个主要挑战:自然资源的短缺和农业生产条件的限制。首先,乡村旅游业的迅猛发展导致旅游热点地区人口密度显著增加,进而导致土地资源的人均占有量减少。其次,随着景区和旅游设施的持续开发和扩建,一些居民的土地被征用,加剧了可耕土地资源的紧张程度。最后,阳朔县位于典型的喀斯特地貌区,这种特殊的地质结构导致土地分布不均,土壤肥力普遍较低,严重影响了农作物的品质和产量。

物质资本的评估结果同样显示,其得分在各类生计资本中处于较低水平，平均得分为 0.3909。调查发现，这些村落多位于地形狭窄的区域，土地资源有限，限制了村落的发展空间。在这种地理和环境条件下，当地居民的住房条件具有一定特点：虽然每户均有固定的居所，但住房面积普遍较小，建筑材料和内部装修较为简陋，仅能满足基本居住需求。家用电器虽基本完备，但受限于生活空间，对房屋翻新或扩建的需求不高，这直接影响了生活资产的评分。此外，生产生活工具的使用也受土地资源的限制。由于大多数家庭土地面积有限或地形条件不佳，农机具的购置和使用并不普遍。大多数居民依赖电动车或摩托车作为日常生产生活的主要交通工具，而从事旅游活动的家庭虽拥有船只和竹筏等特定工具，但数量有限。这些因素共同导致了物质资本在阳朔县乡村地区的较低评分。

人力资本的平均得分为 0.4454，这一数值凸显了人力资本在促进居民可持续生计发展中的关键作用。在各项测算指标中，劳动力状况和年龄结构的得分分别为 0.0506 和 0.0087，位列第二和第六。这一结果强调了健康劳动力和均衡年龄结构对乡村旅游地区居民构建可持续生计的基础性价值。进一步分析显示，受教育程度在所有测算指标中的排名第九。这一排名反映出教育对提升人力资本具有不可忽视的影响，但在乡村旅游地区的当前生计发展中，高素质专业人才的缺乏构成了一项显著挑战。随着旅游业的迅猛发展，对高素质专业人才的需求不断上升，需求不仅涵盖旅游管理和服务领域的人才，也包括能够将本地资源转化为可持续产业发展动力的专业技能人才。

社会资本以 0.4650 的平均得分凸显了其在支持居民生计中的关键作用和重要地位。邻里关系的紧密性在所有考量的指标中排名第五，这一结果表明，在乡村社区中，良好的邻里关系仍是一个重要的社会支持网络，为居民提供了相互支持和帮助。然而，获得培训机会的排名位于 17 个指标中的末尾，这一现象揭露了几个关键问题。首先，这可能表明居民参与培训的意愿不强，这与政府组织的培训次数及其实际效果密切相关。即便居民参与了培训，由于多种原因，培训效果可能并不理想。其次，这种情况可能与居民的传统观念和消极态度有关，许多人可能认为技能培训对他们在实际生活中找到工作的帮助有限。在参加社区活动频率方面，居民的态度显得更为中立。他们既不特别积极寻求参与，也不会主动回避。当时间允许或在重大社区节日和活动时，他们的参与度相对较高，表明在特定条件下，居民愿意积极融入社区生活。至于社会人脉资源，参与村委会或其他社区管理工作的居民比例相对较小。这隐喻尽管社区内部存在一定程度的社会网络，但这些网络的广泛性和深度可能有限，这影响了社会资本的整体水平和效用。

金融资本在五类生计资本中以 0.4996 的平均得分最高，这一结果凸显了金融资本对乡村旅游地区居民生计的重要性及其积极影响。特别是家庭年收入的生计资本得分高达 0.0732，在所有考察的指标中位列第一，这一发现显示旅游开发为阳朔县各村落居民带来了显著的经济增益，并拓宽了他们生计多样性的选择，促进了家庭储蓄的增长。然而，是否领取政府补助和贷款难易程度的评分相对较低，这反映出现有金融支持体系在满足乡村旅游经营户和农户需求方面存在一定的不足。尽管银行和农村信用合作社推出了专门针对农户的产业帮扶基金及其他融资渠道，旨在通过贴息贷款等形式支持乡村旅游地区的经济发展，但农户对这些金融产品和服务的认知度似乎较低。因此，许多农户仍旧依赖于传统的民间借贷方式来筹集小额资金。这种做法不仅限制了他们生计发展的潜力，也可能使他们面临更高的金融风险。

农户在各类别生计资本的拥有情况表现出显著的不均衡性(见表4-15)。

表4-15 阳朔县乡村旅游地居民生计资本评分情况

生计资本	评价指标	权重	标准化均值	生计资本评分	排名
自然资本	耕地面积	0.0475	0.2489	0.0118	4
	地块质量	0.0237	0.6081	0.0144	3
物质资本	住房面积	0.0157	0.0544	0.0009	15
	生产资本	0.0358	0.1212	0.0043	8
	生活资产	0.0464	0.1460	0.0068	7
	住房类型	0.0138	0.0694	0.0010	14
人力资本	受教育程度	0.0504	0.0721	0.0036	9
	年龄结构	0.0800	0.1084	0.0087	6
	劳动力状况	0.1905	0.2658	0.0506	2

续表

生计资本	评价指标	权重	标准化均值	生计资本评分	排名
社会资本	有困难时求助对象	0.0182	0.0997	0.0018	13
	参加社区活动频率	0.0284	0.0662	0.0019	12
	邻里关系	0.0445	0.2327	0.0104	5
	获得培训机会	0.0103	0.0197	0.0002	17
	社会人脉	0.0741	0.0472	0.0035	10
金融资本	是否领取政府补助	0.0800	0.0043	0.0003	16
	家庭年收入	0.1905	0.3841	0.0732	1
	贷款难易程度	0.0504	0.0469	0.0024	11

通过对17项生计资本测算指标的评分分析，我们注意到家庭年收入、劳动力状况和地块质量在所有指标中排名前三，凸显这些方面是乡村旅游地区农户生计资本中的强项。家庭年收入的高排名体现了旅游业对农户经济效益的显著贡献，劳动力状况的充足为生产和经营活动提供了坚实的支持，而地块质量的优良为农业生产奠定了坚实的基础。相对地，居民住房面积、是否领取政府补助性和获得培训机会在评分中排在末三位，这些结果揭示了农户生计资本中的薄弱环节。特别是，居民住房面积的低排名凸显了住房条件的局限，而是否领取政府补助和获得培训机会的低得分反映出在这些关键领域的支持不足。这类情况在提升农户技能和知识水平、增强其适应市场变化的能力方面尤为显著。

4.1.3.2 阳朔县各样本村生计资本状况及其比较

（1）沙子溪村生计资本分析

沙子溪村，这个曾以传统农耕为主的村落，坐落于交通不便的山林地带。根据最新研究发现，沙子溪村的生计资本总体水平已略高于中等水平，得分为0.51，表明该村在各类生计资本方面已实现了相对均衡的发展水平。这个偏远且经济条件欠佳的小山村曾经主要依赖种植农作物和村民外出务工来维持生计，其中外出务工的村民比例较高。然而，近年来村民已开始转变发展策略，利用其独特的半山地形和开阔地势，自发地开发土地资源，积极扩展耕作面积，以此来寻求经济发展的新机遇。

在沙子溪村的五类生计资本中，自然资本的表现十分突出。通过自主开垦和优化土地使用，该村的自然资本评分达 0.53，略高于平均水平。村民普遍拥有较大的户均土地面积，部分土地还经历了流转，既包括转给外来承包商，也包括转给本地居民。村民依据当地条件，选择发展砂糖橘种植，不仅改善了他们的生活条件，还促使一些村民建起了新房、购置了私家车和运输车辆。尽管物质资本评分为 0.39，在基础设施和生产设施方面还有提升空间，但砂糖橘种植已成为村里的主要产业之一，种植面积超过 2000 亩(1 亩 = 666.67 平方米)，形成了可观的产业规模。在人力资本方面，尽管村里吸引了许多外地返乡的居民投身砂糖橘种植，人力资本评分为 0.45，仍说明在吸引更多人才和增加劳动力储备方面存在进步空间。社会资本评分为 0.48，反映了村民间和谐相处，以及政府在组织科学化、合理化的种植技术推广活动方面的积极作用，这些活动不仅促进了砂糖橘产业的发展，也助力农户进行了有效的市场宣传。在金融资本方面，得益于政府的支持和砂糖橘产业的蓬勃发展，沙子溪村居民的经济收入得到了显著提升。金融资本评分高达 0.60，远高于平均水平，大幅提升了村民的经济福祉。

(2)画山村生计资本分析

画山村，凭借其紧邻核心景区的地理优势，拥有显著的区位优势，为村民开拓了众多旅游开发的机遇。大部分村民选择将旅游业作为他们的主要生计手段，这体现了他们对当地旅游资源的充分利用和积极响应。然而，尽管旅游业为画山村带来了一定的经济机遇，该村在自然资本和人力资本方面的不足，但制约了村民生计资本的整体增长。这些限制因素导致画山村的生计资本评分仅为 0.40，这表明其处于一个相对较低的水平。

在五类生计资本中，画山村由于面积有限、人口密集及土地资源的稀缺性，其自然资本评分极低仅为 0.18，这一状况显著制约了整体生计资本的提升。尽管面临这一挑战，画山村居民通过积极利用生活资产和生产资本，参与到旅游相关活动中，使物质资本评分达 0.48。村民通过增加旅游设施、购置交通工具，并将自家住房转化为旅游经营场所，无论是自行经营还是出租给外来经营户，均形成了本地居民与外来经营户共存的独特景象。在劳动力参与旅游业的方式上，画山村展现出多样化的参与形式。青壮年群体主要承担景区管理服务、旅游项目操作、设备维护和交通运输等关键职责；中年或身体状况较差的居民则承担保洁、安保等职责；而年长居民或妇女通过销售农特产品、手工艺品和食品参与旅游业。外来经营户通过经营民宿或农家乐，进一步丰富了村内的旅游服务体系。尽管画山村在旅游业的参与上表现出积极态度，但人力资本的评分为0.31，这一数值反映出整体受教育水平较低和人口结构的两极分化问题。在社会资本方面评分为0.50，这表明村民在生产经营中建立了丰富的人脉资源，并可在遇到困难时互相帮助，表现了社区互助精神。在金融资本方面，得益于阳朔县早期的旅游开发和政府对旅游业发展的支持，画山村的金融资本评分达0.46。游客量的持续增长为村民带来了稳定且较高的收入。

(3)厄根底村生计资本分析

厄根底村位于风景如画的旅游区沿线，尽管与画山村相邻，但在多个生计资本方面呈现独特的特点。在调研的7个村落中，厄根底村的总体生计资本评分处于最低水平，这主要是由于其自然资本和物质资本的不足所致。尽管厄根底村拥有人力资本的优势，但其自然资源条件较差，耕地数量有限，加之人口密集，这些因素共同限制了自然资本的提升，评分仅为0.19。在物质资本方面，村民的居住条件和生产资本利用程度均相对较低，大多数居民的房屋简陋、生活用品匮乏，缺乏可转换为经营资产的资源，物质资本的评分仅为0.28。然而，据厄根底村村长在访谈中提到，村庄正积极规划纳入景区的扩大开发范围内，通过道路拓宽和基础设施的更新改造，预期将显著提升村庄面貌，居民房屋翻新也在陆续进行中。在人力资本方面，厄根底村拥有年轻化的人口结构和较高的教育水平，为村庄提供了良好的人力资源储备，人力资本评分达0.52。目前，村内大多数男性选择外出务工，而女性主要负责照顾家庭，只有少数人参与到乡村旅游中。尽管家族间往来频繁，相互帮助，但与外部的联系相对较少，导致社会资本评分低于中等水平为0.43。在金融资本方面，由于外出务工的职业多为劳动密集型，收入水平不高且缺乏稳定性，同时外出务工增加了家庭的生活成本，因此厄根底村的金融资本评分较低仅为0.31。

(4)小河背村生计资本分析

小河背村位于核心景区附近，被一条河流与景区相隔，尽管拥有发达

的水系，但天然屏障的存在限制了可利用耕地的数量，导致自然资本相对
匮乏。目前，小河背村正处于生计资本整体转型的初期阶段，其生计资本
总评分仍低于中等水平仅为0.45。在五类生计资本方面，小河背村的自然
资本评分极低仅为0.19，这在很大程度上限制了村民的生产生活空间和发
展潜力。物质资本同样较低，评分仅为0.28，这反映村民居住的房屋面积
较小，内部装修陈旧，以及其他生活资产价值低下。尽管部分居民拥有渔
船等运输工具，但生产资本普遍缺乏。在人力资本方面，小河背村的评分
为0.52，表明尽管村民受教育程度不高，但人口结构和劳动力相对充足。
村集体所有制的发展模式为村民提供了一定的就业机会，有助于留住劳动
力。社会资本的评分为0.43，政府定期为村民安排培训，居民间往来频
繁，积极参与村里的各项活动，但在建立外部联系和人脉方面相对欠缺。
金融资本的评分较低仅为0.31，反映了小河背村居民主要依赖旅游相关活
动作为生计来源，如销售土特产品、管理码头、提供渡船观光服务和鱼鹰
拍照等。然而，这些活动面临的市场竞争激烈，市场相对饱和。加之预包
装食品的就地消纳能力弱，经营成本存在，净利润微薄，导致村民的收入
水平不高。

(5)韭菜山村生计资本分析

韭菜山村的生计资本分析揭示了该村在依赖技能和手艺外出务工作为
主要生计手段的同时，也面临一系列挑战与机遇。尽管在人力资本方面呈
现一定的优势，但该村的生计资本总评分相对较低，仅为0.41。这一现象
反映了韭菜山村在自然资本和物质资本方面的不足，这些不足限制了生计
发展的潜力。在五类生计资本中，自然资本的评分仅为0.22，凸显了土地
资源的稀缺和地块质量较差的问题。这些自然条件的限制不仅影响了农业
生产的潜力，也制约了旅游开发和其他生计活动的扩展。物质资本的评分
为0.37，村民住房面积普遍较小，多为传统的砖瓦结构，缺乏转化为旅游
民宿的潜力。随着大量居民外出务工，家庭对汽车、摩托车等生活资产的
购置较少，进一步凸显了物质资本的不足。人力资本是韭菜山村的显著优
势，评分高达0.59。这得益于村内成年人口较高的教育水平和合理的年龄
结构，为外出务工提供了充足劳动力。然而，中青年劳动力的大量外出导
致了村内劳动力的流失，部分家庭甚至选择举家外迁，留下的主要是老年

人、妇女、儿童和一些弱势群体，这对村庄的社会结构和生计发展产生了深远影响。社会资本的评分为 0.37，反映了由于居民大量外出务工，村内人脉资源和社区活动参与不足，居民难以及时获得培训机会或有效利用社会网络资源。金融资本的评分为 0.30，与厄根底村类似，外出务工成为主要生计方式，但收入水平不高且稳定性欠佳，同时增加了家庭的生活成本。总体来看，韭菜山村的生计结构呈单一化趋势，缺乏自然资本和物质资本的支撑，社会资本和金融资本的不足也加剧了村庄面临的风险。

(6)正方村生计资本分析

正方村生计资本分析揭示了其独特的发展模式，这一模式与其他村落截然不同。该村的生计资本总评分在调研的 7 个村落中位居第一，达 0.55。尽管正方村距离景区较远，但其独特的地理位置——坐落于公路旁——为村民提供了独特的发展优势。正方村村民表现出较高的自主营商意识，利用沿街经营的便利性，形成了一个非旅游背景下的多样性经济发展模式。

在五类生计资本中，正方村的自然资本评分为 0.52，呈现其自然资源条件较为优越。耕地主要分布在村落后面的山脚下区域，远离公路，户均耕地面积较大，不仅能实现自给自足，还能将农产品和经济作物批发给农家乐或摆摊零售，为村民提供了稳定的收入来源。在物质资本方面，正方村的评分为 0.45。村内商铺众多，经营状况良好，村民利用自有住房改造成各种商户经营，如超市、文教用品店、诊所、电器维修店、种子化肥站等。私家车、摩托车等交通工具的普及，使村民能够通过接送游客、代购景区门票等方式参与到旅游经营中，进一步丰富了物质资本的内涵。在人力资本方面，正方村采取家庭式经营模式，劳动力集中，人员稳定性良好，评分为 0.43。这种模式有利于维持经营的连贯性和稳定性，为村落经济发展提供了坚实的人力资源基础。社会资本在正方村表现尤为突出，评分高达 0.67。政府的鼓励和支持、村民间的团结协作，以及内需的带动，形成了广泛的人脉资源网络，极大地提升了社会资本值。在金融资本方面，正方村拥有明显的优势，评分达 0.65。家庭式经营历史悠久，业态丰富多样，参与旅游经营的模式已相当成熟，为村民带来了较高水平的家庭收入。总之，正方村通过利用其地理位置优势和村民的高自主营商意识，在非旅游背景下形成了多样化的经济发展模式。自然资本的优越条件、物质资本的多元化经营、人力资源的稳定性、社会资本的广泛网络及金融资本的显著优势，共同促进了正方村生计资本的全面提升，展现了其在区域发展中的独特地位和潜力。

(7) 观桥村生计资本分析

观桥村，作为一个典型的农耕型村落，与正方村地理位置相近，面临在传统农业生计方式下资本累积和发展的双重挑战。该村的生计资本总评分为0.41，这一数值将其纳入生计水平较低的村落行列。观桥村的主要特征是生计方式的单一性，大部分村民依赖农耕相关活动作为其主要的生计来源。尽管观桥村在金融资本方面表现出一定的积累，但其在自然资本、物质资本、人力资本和社会资本方面的评分较低，表明了村落在这些方面的发展限制。

在五类生计资本方面，观桥村户均土地面积超过3亩，土地平坦且地块质量较好，为农作物生长创造了良好的环境条件，自然资本评分达0.36。然而，物质资本的评分同样为0.36，这反映出村民的住房条件普遍一般，多为一层混凝土及砖瓦结构，装修简单，家具及生活电器相对陈旧。手扶式拖拉机和电动车成为村民出行和运输的主要工具。在人力资本方面评分为0.34。观桥村虽沿路设有一些移动摊位和少量农家乐，提供过往游客果蔬购买和采摘服务，但村民一直延续这种传统生计方式。劳动力在非农忙时节较为集中，剩余劳动力较多，部分村民选择外出打工，以寻求额外收入。社会资本的评分为0.39，尽管政府提供了培训机会，村民间往来频繁，但对外联络相对较少，缺乏广泛的社会人脉资源。尽管观桥村的生计方式主要依赖于农耕，受天气和气候等自然因素的影响较大，对收入稳定性构成挑战，但长期的积累和政府的惠农政策帮扶使村民拥有较高的金融资本，评分达0.55。这表明，尽管观桥村在多个生计资本方面面临挑战，但其金融资本的积累为村落的未来发展提供了一定的支撑。

(8) 各村落的生计资本比较分析

按村落划分的生计资本存着明显差异，平均得分如图4-3所示。

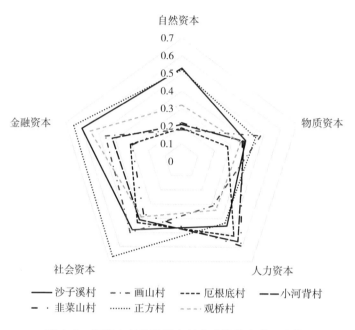

图4-3 阳朔乡村旅游地各村落生计资本状况比较

从自然资本的角度进行分析，研究发现村落的自然资本总平均得分为0.3523，且这一指标揭示了自然资本分布与村落相对景区位置间的相关性。具体来说，村落的自然资本评分与其与景区的距离大致呈反比关系，即那些接近景区的村落倾向拥有较低的自然资本评分，而那些距离景区较远的村落通常拥有较高的自然资本评分。这种现象可能与景区周边地区的土地被用于旅游开发，进而导致可用于农业耕作的自然资源减少有关。以沙子溪村为例，其与正方村和观桥村等距离景区较远的村落相比，自然资本评分显著较高。沙子溪村的自然资本评分达0.53，而相比之下，距离景区较近的画山村的自然资本评分仅为0.18，两者间的差异接近3倍。这类差异表明，距离景区较远的村落在自然资源的保护和利用上拥有相对优势，这可能是因为这些地区较少受到旅游开发的直接影响，因此能够保留更多的自然资源和耕地。

在对各村落物质资本的分析中，研究揭示了其总平均得分为0.3909。这一数据反映了在国家政策如美丽乡村建设和乡村振兴战略的扶持下，各村落的外观整洁度和民生设施配套情况有所提升，彰显了政策对提升农村物质资本水平的积极作用。然而，尽管政策扶持带来了正面影响，但周边村落在居民住房条件和生产生活资产方面的改善并不十分显著，这凸显了乡村地区物质资本改善的步伐缓慢。特别是画山村，得益于其紧邻景区的地理位置优势，大量住房被租给外来经营户并进行了装修扩建，这使画山村的物质资本评分达到了较高水平。这一现象表明，旅游经济的发展对于提升特定村落的物质资本具有显著的促进作用，特别是在住房条件和生产生活资产方面。尽管画山村在物质资本方面表现较为突出，其他村落的物质资本情况则基本相近，整体水平仍处于中低档次。这一现状强调了在乡村振兴和美丽乡村建设进程中，需进一步加大力度改善农村地区的物质资本，尤其是住房条件和生产生活资产的提升。为实现这一目标，不仅需政府的持续投入和政策支持，还需社会资本的参与和村民自身的努力。通过多方面的合作和努力，可提升乡村物质资本的水平，为村民提供更好的生活条件和生产环境，从而推动乡村振兴战略的实施和美丽乡村建设的深入发展。

从人力资本的角度进行分析，研究发现各村落的人力资本总平均得分为0.4454，这一数据揭示了尽管各村落在年龄结构上具有相似性，但在劳动力状况和受教育程度上有显著差异。特别是教育水平普遍较低，偏低学历的村民占比超过半数，这凸显了乡村地区在提升教育水平和增强劳动力素质方面面临的挑战。具体到厄根底村和韭菜山村，这两个村落的人力资本评分分别为0.52和0.59，主要以外出务工为生计方式。这两个村落的劳动力优势较为明显，尤其是在黄金年龄段的劳动人口数量上，高于其他村落。这种劳动力结构对于外出务工型的村落来说是一个重要优势，因其为村民提供了更多机会去外地寻找更好的就业机会，从而改善他们的生活条件和经济状况。小河背村则采取了不同的生计策略，属于村集体经营生产型的村落，其人力资本评分为0.52，呈现该村落在劳动力方面的优势更为显著。这种模式不仅能够为村民提供稳定的就业机会，还有助于维持和提升村落的经济活力和社会凝聚力。尽管乡村地区在人力资本方面存在一定的挑战，如劳动力状况和受教育程度的不足，但也展现出了劳动力优势和生计策略的多样性。为解决教育水平较低的问题，需政府和社会各界共同努力，通过提供更多的教育资源和机会，尤其是对青少年的教育投入，以提高乡村地区的整体教育水平和人力资本质量。同时，根据各村落的具体情况和优势，制定和实施更为合适的生计发展策略，以促进乡村地区的可持续发展和居民福祉的提升。

从社会资本的角度进行分析，研究发现各村落社会资本的平均总得分为0.4650，这一指标揭示了村落社会资本与其生计多样化间存在显著的正相关性。具体来说，生计结构多元化程度较高的村落，如画山村和正方村，不仅展示出较高的社会资本评分，分别为0.50和0.67，更在生计活动的开展上表现出较大的多样性和创新性。画山村依托旅游业推动了多种生计活动的发展，而正方村利用其地理优势开展自主经营的生计活动。这种正相关关系表明，生计结构多元化的村落更有可能吸引政府支持，促进村民间的合作与交流，提升社会资本的水平。这些村落通过开展多样化的经济活动，不仅拓宽了村民的收入来源，也加强了社区内外的人际网络和社会关系，增强了社会凝聚力和社区活力。相对地，生计单一化的村落，如那些主要依赖农耕或外出务工的村落，村民与外界的接触相对有限，社会资本的积累和发展受到一定程度的限制。这些村落由于生计活动的单一性，通常缺乏充分利用外部资源和信息的机会，限制了社会资本的提升。值得注意的是，社会资本的差异受到景区距离因素的影响并不显著，表明社会资本的形成和发展更多取决于村落内部的社会组织结构、经济活动多样性，以及政府和社区对于促进社会互动和合作的支持力度。因此，为提升乡村地区的社会资本，需采取综合措施，鼓励和支持生计活动的多元化发展，加强政府和社区对村民合作交流的支持，优化社会组织结构，从而促进社会资本的积累和社区发展的可持续性。

金融资本分析揭示了各村落金融资本的总平均得分为0.4996，在所有生计资本中属于较高水平，但村落间存在显著差异。这些差异主要表现在以特色产业化和生计多样化为发展导向的村落，在金融资本方面明显超过主要依赖外出务工或正处于向加工生产类转型的村落。特别是正方村与韭菜山村在金融资本上的差距超过两倍，这一差异凸显了不同生计策略对金融资本积累的深远影响。外出务工型村落的村民虽然通过外出务工获得收入，但日常必需支出占据了他们大部分收入，导致每年的结余有限。这反映了外出务工并非总能有效地提升居民的金融资本水平，特别是在收入与生活成本间的比例不协调时。形成鲜明对比的是，走特色产业化道路或生计多样化程度较高的村落，如正方村，村民通过参与多元化的经济活动，尤其是与旅游相关的业务，能够获得较高收入，从而积累了显著的金融资本。这种模式不仅为村落带来了更高的经济效益，也提高了村民的金融安全感和生活质量。向加工生产类转型的村落，尽管采取了集体所有制，村民有机会入股，这是一种积极的经济转型方式。然而，将存款用于支持经济转型和发展可能短期内导致金融资本评分的下降，因为这些投资需要时间才能转化为收益。综上所述，金融资本的差异不仅反映了村落经济活动的多样性和经济策略的有效性，也提示了在推进乡村振兴和经济转型过程中，需要综合考虑居民的实际收入水平、生活成本及投资回报率，以确保经济活动的可持续性及居民福祉的提升。

4.1.3.3　阳朔县各样本村生计策略状况及其比较

本书将调查样本农户的生计策略细分为务工主导型、务农主导型、旅游主导型、其他兼顾型及低保"五保户"五类。在这一分类中，"主导型"特指某项收入来源占家庭全年收入的80%及以上。根据这一标准进行划分，我们的农户调查结果显示：务工主导型有44户，务农主导型有64户，旅游主导型有59户，其他兼顾型有58户，低保"五保户"有7户，总计232户（见图4-4）。

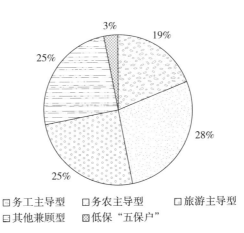

图4-4　阳朔县乡村旅游地生计策略类型

（1）务工主导型农户生计资本特征

七个村落的务工主导型农户的生计资本特征显示，这些家庭的总体生计资本评分处于中等水平，平均得分为0.43。这些农户主要依靠外出务工或在本地就业来维持生计，占调查样本的近20%。在人力资本和社会资本方面，务工主导型农户呈现显著优势。具体而言，这两项资本的评分分别为0.50和0.49，反映出这些家庭通常拥有较为合理的年龄结构、良好的健康状况，以及丰富的社会联系和专业技能。这些优势是农户选择以务工为主要生计方式的重要支撑。然而，在自然资本方面，该类农户的评分仅为0.28，表明农户在土地资源的掌握和拥有程度上存在明显的不足。这种局限性不仅制约了农户从事农业生产的能力，也促使农户更倾向通过务工等其他方式来寻求生计。在物质资本方面，由于这些村民往往居住在远离景区的地区，且多数时间在外地生活，他们的住房条件和生活设施相对简陋，导致物质资本评分相对较低仅为0.35。至于金融资本，尽管部分家庭已将资金投资外地的固定资产，但整体的金融资本评分仅为0.38。这表明，尽管一些较早外出务工或技能较高的村民已选择在城镇定居并购置房产，甚至开始在城市经营业务，但大多数村民的金融资本积累仍然有限。调研反馈显示，许多务工主导型农户对未来的生计策略持保守态度，认为随着城镇区位资源和工作机会的增加，以及对务工生活方式的适应，农户可能会在较长时间内继续沿用当前的生计策略。这种态度不仅体现了务工生计方式的稳定性和可持续性，也隐喻了这类农户在未来可能需要更多的支持和政策引导。这将有助于农户更好地把握城镇化带来的机遇，提升生计资本水平，以确保经济安全和生活质量的持续提高。

（2）务农主导型农户生计资本特征

务农主导型农户的生计资本在所有生计策略类型中的总平均得分和各项具体资本评分上均呈现较高水平。具体来说，本次调研共统计了64户务农主导型农户，占总样本的28%，其生计资本的平均得分高达0.51。这些农户主要分布在远离景区的村落，享有得天独厚的自然条件和广阔的土地资源。这些土地不仅用于耕种农田，还发展了林地，种植了多样化的农作物、经济作物和水果。其自然资本评分达0.55，位居所有生计策略类型榜首。田野调查显示，这些村落的土地已实现了集中整合，并且正在向机械化耕种转型，显著提高了农业生产效率。在物质资本方面，这类农户具备购买农用机械的能力，包括耕作机械和运输车辆等，其物质资本评分达到了 0.42。在人力资本方面，这些家庭通常人口众多，以中年及以上年龄段的劳动力为主，且大多数为本地村民，人力资本评分为 0.43。农户积极参与政府组织的农业培训，邻里关系和谐，信息交流频繁，社会资本评分达 0.49，展现出强大的社区凝聚力和信息共享能力。在金融资本方面，这些农户凭借多年的农业经营经验，积累了丰富的种植技术和市场预测能力，建立了稳定的客户群体和销售渠道，有效降低了运输和市场开拓成本，每年都能获得稳定的收入。加之国家对农业种植户的政策支持、财政补助和贷款机会，鼓励农户扩大种植规模，进一步提升了金融资本，评分达 0.60。综上所述，务农主导型农户凭借其在自然资本、物质资本、人力资本、社会资本和金融资本方面的综合优势，在农业生产和经营活动中取得了显著成效。这不仅体现了农业生产的可持续性和效益性，也凸显了国家政策在促进农业发展和农户收入增长方面的积极作用。

(3) 旅游主导型农户生计资本特征

旅游主导型农户的生计资本整体良好，这类农户的总体生计资本评分达 0.47，占调研样本的 25%。他们在物质资本和人力资本方面表现格外突出，主要分布在景区内外及其周边村落，以及进出景区的必经公路旁，体现了生计策略的多样性、广泛分布和可移动性。直接参与旅游业务的农户，尤其是那些将自有房屋改造为商铺或民宿的家庭，不仅增强了物质资本，也直接从旅游业中获益。物质资本的评分达 0.51，这得益于他们拥有的船艇、汽车等运营工具，以及自有或租赁的房产、商铺、摊位。而间接参与旅游业的农户，如提供运输服务者，虽然土地资源有限，导致自然资本值较低，但依然通过参与旅游业链发挥了重要作用。旅游业作为一种劳动密集型行业，为旅游主导型农户的人力资本提供了丰富的增值机会，其人力资本评分达 0.46。这些农户通常拥有广泛的人际关系网，与政府保持密切联系，同时能为游客提供优质的服务，有效利用社会资源，社会资本评分达 0.48。在金融资本方面，旅游主导型农户通过全年参与旅游业务，尤其在节假日期间实现收入高峰，金融资本评分达 0.53。然而，农户收入存在波动性，受政策变化、游客流量和遗产地保护等因素的影响。总体而言，旅游主导型农户通过有效利用物质资本和人力资本，建立广泛的社会联系，成功在旅游业中开辟了新的生计途径。尽管面临收入波动的挑战，但农户通过多元化的经营策略和资源的优化利用，展现出在旅游业中实现可持续发展的潜力。

（4）其他兼顾型农户生计资本特征

兼顾型农户在调研中占比为25%，共计58户，其生计资本总体得分为0.43，反映出这些家庭整体上处于偏低的生计资本水平。兼顾型农户的形成，主要是家庭风险抵御能力较弱和金融资本基础薄弱的结果，迫使农户从事两种及以上的生计活动，以增加收入来源和提高家庭的经济安全性。兼顾型农户的活动类型多样，包括农业与旅游相结合、农业与工业相结合、工业与旅游相结合的生计方式。这种现象的产生，本质上是由于原有生计方式所得收入难以满足家庭基本生活需求，迫使农户寻求其他生计方式以赚取额外收入。此外，这些家庭通常拥有较长的空闲时间，为农户从事兼职活动提供了条件。特别是依托旅游地区的地理便利，大多数兼顾型农户选择参与旅游相关活动，如在景点售卖商品、兼职清洁工、搬运等体力劳动，以及少数拥有车辆的居民从事的短途运输服务。尽管这些兼顾型农户在物质条件上相对较差，但他们通过兼职活动，尤其是在旅游高峰期，能够取得相对可观的收入，彰显他们的社会资源相对丰富。然而，兼顾型农户的生计策略具有多向性和不稳定性，其往往会倾向选择那些能够带来更高收入和更快回报的生计方式。因此，各类兼顾型农户通过灵活多样的生计活动，展现了乡村村民在面对经济挑战时的适应性和创造性。尽管村民目前的生计资本水平还不高，但通过兼顾不同的生计方式，这些家庭正试图提升自己的经济状况和生活质量。这不仅体现了村民对生计多样化选择的适应性反应，也揭示了乡村村民在资源有限的情况下，如何通过创造性地结合不同生计策略来提高自身的经济安全性。

（5）各生计策略农户的生计资本比较与分析

本书还对不同生计策略农户的生计资本进行了综合分析。结果显示，低保"五保户"的生计资本显著低于其他类型，凸显了生计资本特征的显著差异性（见图4-5），务工主导型农户的生计资本值处于中等水平。

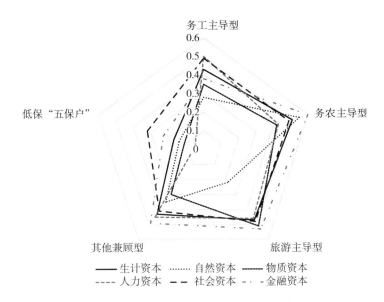

图 4-5 不同生计策略对应的生计资本

然而，由于地域和行业限制较小，农户能够在劳动密集型区域找到稳定的工作机会，展现出较强的抗风险能力和生计策略的稳定性。这种稳定性降低了农户生计方式发生转型变化的可能性。相较之下，务农主导型农户虽然享有较为优越的自然资源，高度依赖土地，但其收入受天气气候、病虫害、种植种类及市场行情等多种因素的影响。这种依赖性和多元影响因素的结合导致了生计的单一性和抗风险能力较弱。一旦遭遇不利因素，将对收入造成重大冲击。此外，务农主导型农户由于与外界接触较少，社会资本相对较低，对新兴事物的认知和接受程度较慢，这使农户在面临转型需求时显得更加困难，可能会在较长时间内维持现有的生计策略。旅游主导型农户在物质资本和人力资本方面表现出明显的优势，其经营地理位置也拥有明显优势。然而，这类农户的生计易受季节性、天气、政策等多重因素的影响，导致其生计稳定性面临挑战。其他兼顾型农户的生计策略呈现明显的多样性和灵活性。农户在参与旅游活动后，往往会发现旅游带来的现金收入远高于务工主导型农户或务农主导型农户，从而更倾向将更多的时间和精力投入旅游中，逐渐放弃其他生计方式。随着时间推移，这种生计策略的选择会使兼顾型农户的结构越来越倾向旅游，展现出农户在追求更高收入和生活质量的过程中对生计方式的主动调整。因此，各生计策略农户在面对生计资本构建和利用时展现了不同的特点和策略。

4.1.4 生计效率分析

在本书中，我们对乡村旅游地区农户家庭的生计效率进行了深入分析，采用以五类生计资本作为投入因素，并以家庭收入作为生计产出的效率评估框架。分析结果揭示了不同生计策略农户家庭生计效率的显著差异（见图4-6）。

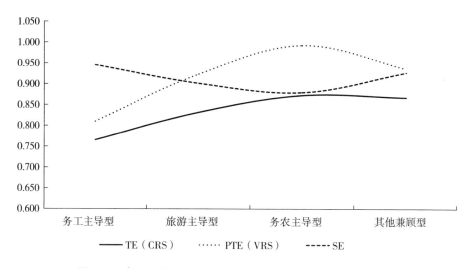

图4-6　广西阳朔县乡村旅游地不同生计策略的效率及其分解

具体而言，务农主导型农户的技术效率达0.872，表现为最高效率。紧随其后的是其他兼顾型农户，其技术效率为0.867，两者间的差异微乎其微。这种效率的高低反映了广西阳朔县乡村旅游地区农户在自身发展策略选择上的成功。务农主导型农户之所以能够实现较高生计效率，主要得益于旅游业成为当地支柱产业后，大量农户转向服务业或其他更具营利性的工作。剩余选择继续从事农业生产的农户，通过土地流转如租赁、承包等方式，获得了更多的土地资源，并在地方特色水果及其他经济作物的科学化、机械化种植技术，以及政府扶持政策的共同作用下，实现了农业耕种的高效率。对于其他兼顾型农户而言，农户之所以能够获得较高的生计效率，关键在于其可根据自身的生计资本条件，灵活组合和调整生计策略，实现家庭收入的最大化。这些农户往往采取务工+旅游、务农+旅游或者务工+务农等多样的生计组合方式，并可根据季节的变化灵活调整其生计活动，有效地增强了生计的适应性和收入的稳定性。旅游主导型农户的技术效率虽然整体上处于良好水平(技术效率为0.831)，但相较于务农主导型和其他兼顾型农户尚显不足。这一差异的原因可能在于旅游经营户面临的生计投入要求增加。随着旅游消费者对服务品质的要求日益提高，无论是农家乐的餐饮服务还是民宿的住宿体验，均需更多投入以满足高标准的服务要求。此外，旅游生计的效率还受法定假日、季节性及天气等因素的影响，这些外部变量对生计效率产生了一定的下行压力。在本次调查中，发现务工主导型农户的技术效率为0.766，相对较低。这隐喻在乡村旅游地区，务工农户所面临的工作质量相对较低，劳动绩效不尽如人意。这种情况可能源于务工岗位的单一性、低收入及工作环境的不稳定等因素，这些因素均限制了务工主导型农户生计效率的提高。

本书运用DEA方法深入探讨了农户生计效率，特别是通过技术效率(TE)的分解来分析不同生计策略农户的效率构成。分析结果揭示了技术效率的两个关键组成部分：纯技术效率(PTE)和规模效率(SE)，并发现它们在不同类型农户中的表现存在显著差异。务农主导型、其他兼顾型及旅游主导型农户的技术效率值较高，这主要得益于纯技术效率的正向贡献，而规模效率相对较低。这表明这类农户能够实现较高的生计效率，主要归功于新技术的应用和良好的管理实践。例如，务农主导型农户通过采用先进的农业技术和改良的种植方法，而其他兼顾型和旅游主导型农户可能通过优化经营管理来提高效率。这一发现强调了技术引入和管理效率提升在农户生计效率中的重要作用。与此相反，务工主导型农户的情况则有所不同。他们的纯技术效率相对较低，而整体技术效率的提升主要依赖于规模效率的增加。这反映了对于务工主导型农户而言，规模因素(如劳动力规模和家庭成员参与务工的广度)在其生计效率中起到了更为关键作用。

在对乡村旅游地区农户生计效率进行深入分析中，进一步按村落划分，采用了DEA方法来评估技术效率。结果显示，被调查的七个村落可明显分为两个效率阵营(见图4-7)。观桥村、沙子溪村和画山村构成了高效率阵营，其技术效率值均超 0.8。这一高效率主要得益于纯技术效率的突出贡献，反映了这些村落在技术改进和管理效率上的成功。这些村落可能采取了先进的农业技术、优化了资源配置，并实施了有效的管理策略，从而提高了生产效率。

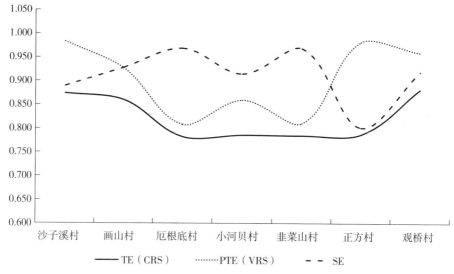

图 4-7　广西阳朔县乡村旅地各样本村生计效率及其分解

　　相对而言，正方村、小河贝村、韭菜山村和厄根底村构成了低效率阵营，其技术效率值相对较低，主要依赖于规模效率的拉动，表明这些村落在引入新技术和提升管理效率方面存在较大的提升空间。这些村落可能需更多的技术支持和培训，以改善其生产流程和经营策略。此外，从村落与核心景区的距离来看，距离较远的村落生计效率略高于距离较近的村落。这可能反映了旅游业对生计投入要求的提高，以及季节性波动对农户生计效率的影响。距离景区较远的村落可能更多地依赖于农业生产和其他非旅游相关的生计活动，这在一定程度上减少了旅游业波动对其生计效率的负面影响。尽管所有村落的技术效率值均超 0.8，表现出整体上的良好生计效率，但这一发现提示我们，在乡村旅游地区，不同村落的生计效率受多种因素影响，包括技术应用、管理实践、地理位置，以及与旅游业的关联度。因此，制定乡村发展策略时，应考虑这些因素，以促进各村落生计效率的均衡提升。

4.2　广西桂南乡村旅游地——"美丽南方"农户生计分析

4.2.1　广西南宁"美丽南方"概况

"美丽南方"项目坐落于中国广西的南宁市，具体位于忠良村这一占地4平方千米的核心区域。该村落拥有近1700人口，居民传统上以农业为生。自2006年向公众开放以来，"美丽南方"迅速崛起为南宁市重要的乡村旅游目的地，并持续保持着强劲的发展势头。得益于多渠道资金的注入，该地区的规模不断扩大，基础设施和旅游环境均得到显著提升。如今，"美丽南方"被誉为中国最美的休闲乡村之一，成为中国乡村旅游的典范。该项目的成功归功于其壮丽的自然风光、丰富的文化资源，以及其背后的持续发展和管理策略。自项目启动之初，便秉承可持续发展理念，注重环境保护与文化遗产保护，同时推动了当地经济发展和居民生活水平的提升。忠良村通过引入旅游业，不仅改善了基础设施，还为村民提供了多样化的就业机会，减少了对传统农业的依赖，并提高了村民的收入水平。

受热带气候的影响，"美丽南方"的旅游业呈季节性特征，每年7—9月为淡季，而秋季和冬季是旅游旺季。这种季节性模式虽然对当地经济产生周期性影响，但通过提供多样化的旅游产品和服务，以及实施有效的市场营销策略，该地区成功吸引了大量游客。这不仅促进了当地经济的增长，也提升了"美丽南方"在国内外旅游市场的知名度和吸引力。

图4-8为"美丽南方"和部分乡村旅游经营户。

（a）　　　　　　　　　　　　（b）

图4-8　"美丽南方"和部分乡村旅游经营户

资料来源：笔者拍摄。

4.2.2 测量方法与数据来源

4.2.2.1 数据来源

为深入掌握"美丽南方"核心区忠良村农户的生计特征，本书在2018年10—11月开展了一系列实地考察。研究初期，通过半结构化访谈的方式与忠良村的社区管理人员及代表性农户进行了深入交流，旨在收集基础信息，并对研究问卷进行相应的修订与完善。访谈内容广泛，包括村落的社会经济状况、农户生计方式及其演变等关键要素，为问卷设计奠定了坚实基础。进入问卷调查阶段，24名受过专业培训的旅游管理专业高年级本科生分为5个小组，于2018年11月4—6日对忠良村住户进行了便利抽样问卷调查与访谈。在地方社区管理者的协助下，调查团队访问了当地农户，大多数的农户对参与调查表现出了积极的态度和支持。本次调查特别关注了自2006年以来迁移至该地区的非本地农户，为研究提供了关于农户生计多样性的宝贵视角。为确保受访者充分理解调查目的和内容，调查团队成员在每次访谈前均详细解释了问卷的相关问题，每次访谈耗时35～50分钟。调查期间，共发放150份问卷，经过严格的后期审核，排除了含有明显矛盾信息的无效问卷，最终132份回收有效问卷，问卷有效回收率达88%。

问卷的内容设计旨在全面收集有关农户生计特征的信息，包括农户的基本情况、生计资本的构成(包括自然资本、物质资本、人力资本、社会资本和金融资本)、基本生计策略及其年收入来源(包含农业、劳动力、微型企业或租赁、旅游等领域)，以及家庭生计策略的季节性调整等方面。通过这些维度的综合分析，研究旨在揭示忠良村农户在面对乡村旅游发展背景下的生计适应策略及其变化趋势，为理解乡村旅游对农户生计影响奠定了实证基础。

4.2.2.2 农户分类

本书结合当地特点，采用了一种精细化的农户分类方法，旨在深入理解各个家庭的生计策略及其对家庭收入的主要贡献。通过分析农户家庭收入来源，我们观察到多数家庭依赖一项主要生计活动作为收入的核心来源，同时可能兼营其他活动以获取辅助性收入。具体来说，若某项生计活动的收入占总收入的 50% 以上，则该活动被界定为家庭的主导生计策略。基于此标准，本书将农户划分为以下几类：务农主导型（A 类）、务工主导型（B 类）、小微经营户（C 类）以及旅游主导型（D 类）。A 类农户主要依靠农业活动作为生计，涵盖种植和畜牧等领域；B 类农户主要依靠外出务工或在本地提供劳务服务；C 类家庭则从事杂货店经营、房屋出租等小规模商业活动；D 类家庭则涉足餐馆、家庭旅馆、交通服务、当地特产销售、旅游相关服务，以及现场纪念品供应等与旅游业紧密相关的多样化经营活动。C 类和 D 类农户的存在凸显了在乡村旅游发展的背景下，农户如何通过拓展经营范围进入服务业领域，利用当地旅游资源和市场需求，创造新的收入来源。特别是 D 类家庭，农户直接受益于旅游业的发展，通过提供多样化的旅游服务和产品，不仅丰富了当地的旅游资源，也为家庭带来了稳定且可观的收入。

4.2.2.3 生计指数指标体系

在本书中，我们采用了可持续生计框架作为理论基础，构建了一个针对本区域的生计资本指数评价体系，目的是全面评估农户生计资本（见表 4-16）。

表 4-16 "美丽南方"生计资本指数评价体系及赋值

生计资本	评价指标	赋值情况	权重
自然资本	耕地面积	调查当年的土地面积	0.176
	土地质量	高质量 = 1，良好 = 0.67，一般 = 0.33，无土地 = 0	0.150
物质资本	房屋质量	混凝土结构 = 1，砖瓦结构 = 0.75，木质结构 = 0.50，泥瓦房 = 0.25	0.029
	使用面积	调查当年的使用面积	0.066
	生产工具	生产用房 = 1，货运机动车辆 = 0.75，农业机械 = 0.50，摩托车、电动车 = 0.25	0.029
	生活资料	私家车 = 1，电脑 = 0.75，居家日用电器 = 0.5，其他 = 0.25	0.028
人力资本	家庭成员年龄	19~<60 岁 = 1，13~<18 岁 = 0.5，0~<12 岁及≥60 岁 = 0	0.011
	受教育程度	大学及以上 = 1，高中或中专 = 0.8，初中 = 0.6，小学 = 0.4，未受教育 = 0.2	0.021
	健康状况	良好 = 1，生活基本自理 = 0.5，需要他人照顾 = 0	0.013

生计资本	评价指标	赋值情况	权重
社会资本	社会关系	有良好的社会关系＝1，无社会关系＝0	0.153
	社区活动参与度	经常＝1，有时＝0.5，很少＝0	0.087
	获得帮助机会	能从亲戚处得到帮助＝1，能从邻居和朋友处得到帮助＝0.5，无＝0	0.032
	获得培训机会	是＝1，否＝0	0.111
金融资本	农户年均收入（用于再生产）	调查当年家庭年收入	0.033
	获得贷款机会	容易＝1.0，一般＝0.5，难＝0	0.060

SLF 为我们提供了一个多维度的分析视角，涵盖了自然资本、物质资本、人力资本、社会资本和金融资本等关键要素，这些要素共同构成了农户生计的基石。在设计评价体系的过程中，我们特别考虑了案例区域的独特性，包括其地理位置、自然环境和文化习俗等，以确保 LCI 评价体系能够真实反映该区域农户生计资本的现状。此外，本书采用熵权法确定各维度资本的权重，这一方法的应用增强了评价体系的科学性和客观性，确保了评价结果的准确性和可靠性。

在本书的具体资本维度分析中，自然资本的考量着重农户家庭所拥有耕地的数量与质量，不仅映射了农户家庭在农业生产方面的潜力，也是评估其自给自足能力的关键指标。物质资本涵盖了家庭的住房、生产工具及日用消费品等资源，这些资源直接关系到农户家庭的生活品质与生产效能。人力资本包括家庭劳动力的规模、技能水平及教育程度，构成农户家庭制定生计策略和参与生产劳动的核心要素。社会资本着重于农户家庭成员的社交联系，以及其从社会网络、组织、亲友处得到支持的能力，这在农户家庭应对逆境和挑战时发挥至关重要的作用。金融资本关注的是家庭实施生计策略所需的资金投入能力，在乡村旅游经营的背景下，特别将旅游经营所得视为金融资本的重要组成部分。这一假设基于大部分旅游收入将被再纳入可持续发展活动中的观点。

4.2.2.4 生计资本指数计算及熵权法

为准确确定衡量指标的权重，本书案例采用了熵权法来计算民生指标的权重。熵权法的理论基础源于热力学中的熵概念，由 Shannon 在 1948 年引入信息论中，此后被广泛用于自然科学和社会科学领域。在决策过程中，熵的概念用于量化信息的不确定性，信息熵的大小直接关系到决策的准确性和可靠性。系统熵值反映了决策者所接收信息的丰富度，因此，熵权法提供了一种科学的方法来确定衡量指标的权重。本书基于收集的 132户有效样本数据，我们对各指标进行了标准化处理。由于农户调查得到的量化值在量纲、量级和范围上存在差异，我们采用了极值标准化法来处理这些数据，确保了数据的可比性。极值法通过将原始数据缩放到[0，1]区间内，消除了不同量纲的影响，为后续的权重计算提供了标准化的数据基础。计算公式如式(4-7)所示。

$$x'_{ij} = \left(\frac{x_{ij} - x_{min}}{x_{max} - x_{min}} \right) \times 100\% \qquad (4-7)$$

式中：x'_{ij} 为 x_{ij} 的标准化值，为第 i 个样本户的第 j 个指标的变量数据；x_{max} 和 x_{min} 分别为样本变量的最大值和最小值。

权重值通过以下熵法公式计算。第 j 个指标下第 i 个样本户比重计算如式(4-8)所示。

$$p_{ij} = x'_{ij} \Big/ \sum_{i=1}^{m} x'_{ij} \qquad (4-8)$$

第 j 个指标的熵 e_j 计算如式(4-9)所示。

$$e_j = -1/\ln m \sum_{i=1}^{m} p_{ij} \ln p_{ij} \qquad (4-9)$$

第 j 个指标(w_j)的权重值计算如式(4-10)所示，结果如表 4-16 所示。

$$w_j = (1-e_j) \Big/ \sum_{i=1}^{n} (1-e_j) \qquad (4-10)$$

LCI 计算如式(4-11)所示。

$$LCI = \sum_{i=1}^{n} w_j x'_{ij} \qquad (4-11)$$

4.2.3　生计资本分析

4.2.3.1　农户综合生计资本指数分析

在对"美丽南方"项目区域农户的生计资本进行综合分析时，计算得出的总体生计资本指数为 2.050，这一指标提供了对该地区农户家庭生计状况的宏观评估。在各类生计资本的分析中，社会资本和人力资本得分较高，分别为 0.494 和 0.450，表明这两项资本在农户家庭的生计构成中占据了重要位置。然而，自然资本和物质资本的得分相对较低，分别为 0.333 和 0.347，反映了这两类资本在支撑农户家庭生计方面的不足（见图 4-9）。

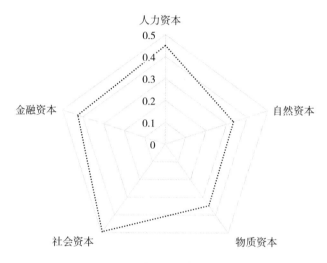

图 4-9　"美丽南方"农户生计资本分布

自然资本的低得分可能与土地流转政策的实施密切相关。虽然土地流转政策促进了土地资源的有效利用和农业生产的规模化，但它也减少了农户能够自主耕作的土地面积，特别是对于那些依赖传统农业的农户来说，土地流转可能剥夺了他们的关键生计资源。同时，随着乡村旅游业的发展，许多非原住农户家庭迁移至此，寻求新的就业机会。这些新迁入的农户在缺乏农地的情况下，必须通过参与乡村旅游业或其他非农业活动来融入当地社区。物质资本的低得分反映了农户家庭在住房、生产资料和生活用品等方面的资产不足。这可能与乡村旅游业发展初期基础设施建设和农户生活水平提升的滞后有关。尽管乡村旅游业为当地农户提供了新的收入来源和发展机遇，但在物质资本积累方面仍有提升空间。社会资本和人力资本的高得分揭示了农户家庭通过强大的社会网络和较高的劳动力素质（包括教育水平和技能培训）在乡村旅游业发展中得到了良好的发展机会。

家族性个体经营在乡村旅游业中较为普遍，不仅促进了农户家庭成员间的合作，也凸显了社会资本在促进生计发展方面的积极作用。

4.2.3.2　不同生计策略下的生计资本指数分析

基于农户类别划分后，小微经营户（C 类）和旅游主导型（D 类）的生计资本存量普遍高于务农主导型（A 类）和务工主导型（B 类）（见表 4-17）。

表 4-17　"美丽南方"不同生计策略下的农户生计资本指数

资本类型	评价指标	A 类		B 类		C 类		D 类	
自然资本	耕地面积	0.523	0.328	0.361	0.292	0.333	0.237	0.115	0.072
	土地质量		0.753		0.442		0.445		0.167
物质资本	房屋质量	0.230	0.417	0.354	0.475	0.408	0.556	0.395	0.507
	使用面积		0.037		0.270		0.342		0.329
	生产工具		0.208		0.238		0.278		0.253
	生活资料		0.500		0.537		0.542		0.576
人力资本	家庭成员年龄	0.324	0.533	0.420	0.429	0.532	0.507	0.526	0.524
	受教育程度		0.263		0.414		0.544		0.523
	健康状况		0.250		0.422		0.533		0.531
社会资本	社会关系	0.402	0.250	0.380	0.294	0.678	0.917	0.518	0.458
	社区活动参与度		0.250		0.368		0.417		0.479
	获得帮助机会		0.333		0.627		0.583		0.611
	获得培训机会		0.750		0.441		0.583		0.604
金融资本	农户年均收入（用于再生产）	0.395	0.208	0.447	0.497	0.408	0.467	0.449	0.488
	获得贷款机会		0.500		0.419		0.375		0.427
生计资本指数		1874		1962		2359		2003	
调查农户占比（%）		3.0		51.5		9.1		36.4	

（1）自然资本

在对"美丽南方"项目区域内不同生计策略的农户家庭进行自然资本分析时，研究发现务农主导型农户家庭在自然资本方面的得分最高，达0.523。这一结果凸显了耕地数量和质量在这些农户生计决策中的核心地位。具体来说，这些农户家庭在耕地的面积和质量上均明显优于采取其他生计策略的农户家庭。这说明了一个关键问题：丰富的自然资本不仅构成了农户实施传统农业生计策略的物质基础，也是农户选择此类生计方式的主要动机之一。相比之下，旅游主导型农户家庭在自然资本方面的得分最低，主要归因于两个因素。首先，部分农户家庭因政府征地或私营部门的长期租赁而失去了土地，这直接影响了农户可用于农业生产的自然资源。其次，一些无地移民农户家庭因寻求就业机会迁移至此，并未拥有耕地。这种情况在旅游主导型家庭中尤为普遍，因为乡村旅游业的发展为他们提供了不依赖土地的生计机会。这种对比凸显了不同生计策略农户家庭在资源拥有和利用方面的差异，同时也反映了乡村旅游发展对传统农业生计模式的深远影响。对于务农主导型农户家庭而言，保持和提升自然资本的数量和质量是实现可持续发展的关键。而对于旅游主导型农户家庭而言，如何在缺乏自然资本的情况下，通过开发社会资本和人力资本等其他资本类型来构建新的生计策略，成为农户面临的挑战。因此，自然资本在农户家庭的生计策略选择中扮演至关重要的角色。

(2)物质资本

在"美丽南方"项目区域内，物质资本的分析揭示了显著差异，其中具有优势的是小微经营户和旅游主导型农户。这两类农户在物质资本方面的得分较高，分别为 0.408 和 0.395，显示出其在住房质量、面积、生产资料和生活用品等方面条件较优越。这种优势很可能与其经营活动紧密相关。旅游主导型农户为吸引游客，倾向投资提升住宿和服务设施的质量，这自然提升了他们的物质资本水平。相比之下，务农主导型农户在物质资本的得分最低，这一结果表明依赖传统农业作为主要生计策略的农户家庭可能在物质福祉方面面临挑战。这可能是由于务农主导型农户收入有限且不稳定，尤其在遭受自然灾害或市场波动时，农户的经济状况可能更加脆弱。此外，这些农户可能将有限的资金主要用于满足基本的农业生产需求，而在住房和其他生活设施上的投资较少，影响了他们的物质资本水平。这一分析结果为理解乡村旅游发展对不同类型农户物质生计资本的影响提供了洞见。对于小微经营户和旅游主导型农户来说，乡村旅游的发展提供了增加物质资本投资的机会，改善了生活条件和生产能力。然而，对于务农主导型农户，这一趋势也凸显了需进一步的支持和策略，以帮助他们提升物质福祉，以确保这一传统生计策略的可持续性。

（3）人力资本

在"美丽南方"项目区域进行的农户生计资本分析中，人力资本作为一项关键资本类型，在不同农户间呈现明显差异。小微经营户和旅游主导型农户的人力资本指数较高，分别为 0.532 和 0.526，这一结果凸显了教育水平和健康状况对这类领域生计活动的重要性。这些领域通常要求较高的技能和知识水平，以满足服务行业的需求或应对小型企业管理的挑战。因此，小微经营户和旅游主导型农户拥有较好的人力资本资源，反映了他们对行业前景的积极评估和充分的准备。相比之下，务农主导型农户在年龄资本方面表现最为突出，占调查比例的 3%，这说明了传统农业生计策略往往由青壮年支撑。这一现象可能与农业劳动对体力的高要求和对农业经验的依赖有关，使青壮年成为农业生产的主力军。然而，随着城市化进程的加速和人口向城市工作的迁移，务农主导型农户可能面临劳动力短缺的问题，这对维持传统农业生计构成了挑战。收入较低的农户在生计转型方面面临的挑战尤为显著。城市化发展导致农村劳动力被吸引到城市寻求更高收入的工作机会，而留在农村的大多数是老年人和儿童，造成了农村劳动力的严重短缺，影响了农业生产的持续性和家庭的经济状况。这一趋势促使农户探索新的生计策略，如农旅结合、发展小微企业等，以适应人口迁移带来的变化，保障家庭的经济福祉。

（4）社会资本

在"美丽南方"项目区域内，社会资本作为衡量农户家庭社交网络资源获取能力的重要指标，其在不同生计策略农户中同样表现出显著差异性。小微经营户以 0.678 的社会资本价值领先，反映了农户在建立和利用社交网络方面的优势，特别是在其经营活动中。这类农户通常依赖广泛的社交联系来推广业务、获取市场信息和吸引顾客，从而增强了农户的经营能力和市场竞争力。相比之下，务工主导型农户的社会资本价值最低，仅为 0.380，表明了农户在社区活动参与、社交网络构建和获取支持方面的相对劣势。特别是在面临经济或健康困难时，务工主导型农户较其他类型的农户更难以寻求和获得帮助，这可能与他们较封闭的生活方式和较少的社交活动有关。尽管务农主导型和旅游主导型农户在专业技术培训机会上相对较多，如务农技术和乡村民宿及餐馆经营方面的培训，但务农主导型农户的社会资本仍然较低。这可能与他们较弱的社交网络地位和参与社区活动的能力有关。旅游主导型农户在参与社区活动方面表现出较高的热情，这不仅有助于他们建立更广泛的社交联系，也为他们提供了更多获取信息、分享经验和互相支持的机会。这一特点对旅游业的成功运营至关重要，因为旅游业依赖于良好的人际关系和有效的信息交流。这些发现同中国对不同类型农户进行分类的其他实证研究结果一致，均指出社会资本的高低在很大程度上影响着农户的生计策略和生活质量。对于务农主导型农户而言，提高社会资本的策略可能包括鼓励农户更多参与社区活动、提供更多的职业培训机会，以及促进他们与其他生计策略农户的交流与合作。这不仅能增强农户社交网络，还能提升他们获取信息和资源的能力，从而在一定程度上改善农户生计状况和提高生活质量。

（5）金融资本

在"美丽南方"项目区域内，金融资本的分布揭示了不同生计策略农户间的显著经济差异。务农主导型农户在金融资本方面的得分最低，这一现象反映了农户年收入水平较低及在获取贷款方面遭遇的挑战。这类情况可能与农业生产的内在不确定性和市场波动性紧密相关，导致依赖农业生计的农户面临更高的经济风险和收入不稳定性。金融机构可能因农业生产的高风险性及农户缺乏足够抵押物而犹豫提供贷款，进一步限制了这类农户金融资本的积累。与此相对，旅游主导型和务工主导型农户在金融资本方面的得分较高，分别为 0.449 和 0.447。表明这两类农户拥有较高的家庭年收入水平，并且在获取贷款和其他金融服务方面更为顺畅。务工主导型农户家庭的年收入水平在受访者中占比超过 50%，这可能与他们在城市或其他非农业领域的工作机会有关，这些工作通常提供更稳定和更高的收入。金融资本的这种分布情况凸显了旅游和务工作为生计策略的经济优势，同时也凸显了务农主导型农户在金融方面所面临的挑战。

4.2.4　生计效率分析

在"美丽南方"项目的生计资本效率分析中，图 4-10 展示了不同生计策略农户家庭的效率差异。

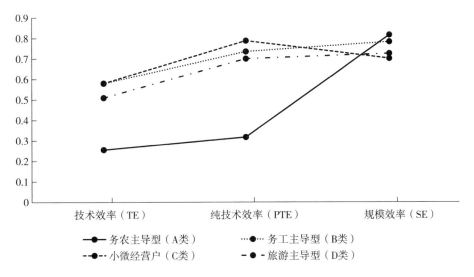

图 4-10 "美丽南方"不同生计策略下的农户生计效率

具体来看，务工主导型(B 类)、小微经营户(C 类)和旅游主导型(D 类)农户的生计资本效率均值相近，且普遍处于较高水平，而务农主导型农户(A 类)的生计资本效率平均值相对较低。这一现象不仅揭示了农业生产在家庭层面的效率问题，也反映了农户对替代生计策略的偏好，这种偏好可能是对农业生计相对较低效率的一种自然响应。务农主导型家庭生计资本效率较低的现象，可能是中国城乡收入差异和农业生产效率不足的具体体现。随着城市化进程的加速和非农就业机会的增加，越来越多的农户家庭开始寻求更高效益的生计策略，如务工或参与乡村旅游业，以期提高家庭收入和生活质量。在技术效率(TE)的具体分析中，小微经营户(C 类)以 0.580 的技术效率值领先，这一成绩主要得益于其较高的纯技术效率(PTE 为 0.788)，表明这类农户在管理和运营上的效率较高。相比之下，务工主导型农户家庭的 TE 值虽然与小微经营户相近，为 0.579，但其效率的主要来源是规模效率(SE 为 0.783)，这可能反映了这些家庭在规模经营上的优势，但在管理和技术应用上仍有提升空间。旅游主导型农户的技术效率(TE)得分为 0.509，排在第三位。这表明虽然参与乡村旅游业为农户提供了新的收入渠道，但在技术和规模效率方面并未呈现独特优势。这可能与旅游业的季节性、市场波动性以及对高质量服务的要求有关，这些因素共同影响了旅游主导型农户的生计效率。

在广西南北两个乡村旅游地的农户生计研究中，我们发现虽然两地在某些方面存在相似之处，但在生计资本的构成上也呈现显著差异。这些发现为我们理解乡村旅游对农户生计资本构成的影响提供了差异化的视角。两地农户在社会资本和人力资本方面均呈现较强优势，表明在乡村旅游地区，农户依赖于良好的社交网络和受过较高教育、健康状况良好的劳动力来促进其生计策略的成功实施。这种优势对促进旅游业务和其他经营活动至关重要。然而，自然资本在两地均表现为最弱的资本类型，揭示了乡村旅游发展中自然资源的有限性和脆弱性，对于依赖自然资源的乡村旅游地来说，这是一个不容忽视的挑战。在"美丽南方"地区，农户的社会资本最为突出，凸显了当地农户在建立和利用社交关系方面的优势。人力资本和金融资本紧随其后，表明了教育、健康状况良好的劳动力和相对较好的经济条件，对帮助农户生计具有重要意义。物质资本虽然不是最强项，但相对较好，反映了一定水平上的生活和生产条件。而最弱的自然资本可能指向了土地资源的限制和环境脆弱性。相比之下，阳朔县乡村旅游地区的金融资本最为强劲，可能与该地区旅游业较为成熟、农户能通过旅游相关活动获得较高收入有关。社会资本和人力资本的强势同样支撑了农户的生计多样化和旅游业的发展。物质资本的表现则反映了基础设施和生活条件的改善。自然资本的薄弱同样揭示了土地资源的限制和环境保护的压力。因此，这两个乡村旅游地区农户的生计研究表明，乡村旅游的发展依赖于强大的社会和人力资本基础。金融和物质资本的提升能够进一步增强农户的生计安全和提高生活质量。然而，自然资本的薄弱提示了乡村旅游发展中需要更多关注自然资源的可持续利用和环境保护。

在广西南北两个乡村旅游地的农户生计效率比较研究中，我们发现地区间存在显著的差异性。这一发现不仅凸显了旅游主导型农户在两地均表现出的相对稳定且良好的效率水平，也显示了乡村旅游作为一种生计策略的潜在可行性和稳定性。在"美丽南方"，务工主导型和小微经营户的生计效率最高，旅游主导型农户的效率紧随其后，而务农主导型农户的效率最低。这种效率排名可能反映了在较成熟的乡村旅游地区，非农业生计策略（如务工和经营小微企业）能够提供更高的效率和收入潜力，而传统的农业生计策略面临效率低下的挑战。相比之下，阳朔县的情况则呈现不同的效率排列，其中务农主导型农户的效率最高，反映了该地区农业生计策略的相对优势，尤其是在特色农业发展如柑橘产业方面取得的成就。这种差异可能与区域内的自然资源、农业产业化程度，以及乡村旅游业的特定发展模式有关。阳朔县乡村旅游地的多样化村落背景，包括核心景区周边型和非景区周边的乡村，提供了一个更加复杂多元的分析视角。这呈现了乡村旅游地农户生计效率的多样性和复杂性，揭示了农户生计效率并非由单一的生计模式决定，而是受地理位置、当地资源、农业产业化程度以及乡村旅游发展阶段等多重因素的影响。这些差异揭示了一个不可忽视的认知：在乡村旅游发展策略制定时，需考虑地区特有的社会经济背景和农户的实际生计需求。这意味着应采取灵活多样的支持措施，以促进各种生计策略的有效实施和生计效率的提升。

5
旅游流季节性波动与农户生计及效率

与相对平稳的其他产业不同，旅游流存在鲜明的季节性波动特征（Grossi，2021）。气候的变化、农作物的生命周期性等因素造成了这种"易于理解而难以解决"的现象。乡村旅游进入传统意义上的旺季时，游客盈门，餐位床位爆满，经营户收益可观。但一旦进入淡季，就会导致游客锐减，设施设备闲置浪费，从业人员季节性失业，经营户甚至得关门停业，收入存在较大的不确定性。在季节性波动无法改变的客观条件下，参与乡村旅游的农户应如何进行生计投入、做好生计安排才能获得最佳效益，是大力发展乡村旅游实践中的一个突出问题。本书进一步探讨旅游流季节性波动对农户生计及效率的影响。

5.1 案例地概况与数据来源、研究方法

5.1.1 案例地概况

桂林市，广西的璀璨明珠，位于广西的东北部，与多个城市和省份相邻，包括柳州市、来宾市、梧州市、贺州市，以及湖南省的永州市、邵阳市和怀化市。这座城市坐落于南岭山脉的西南端，属于桂东北山区和湘桂走廊的南部，其地形以丘陵为主，中部地区则以岩溶峰林地貌著称，展现出一幅幅自然美景的画卷。桂林市的地域辽阔，总面积达 2.78 万平方千米，人口规模约为 540 万人。作为中国首批被认定的国家历史文化名城之一，桂林市同样也是中国的优秀旅游城市。其以"桂林山水甲天下"的美誉声名远扬，成为无数国内外游客心驰神往的旅游目的地。桂林市的自然景观以其"山青、水秀、洞奇、石美"的四大特色而著称，历代文人墨客对其赞誉

有加。南宋诗人范成大在《桂海虞衡志》中对桂林山水的奇美赞不绝口，认为其堪称天下第一。南宋诗人王正功的诗作也表达了对桂林山水美景的无限向往与赞美，其名句"桂林山水甲天下"流传至今。唐代诗人韩愈也在其诗作中对桂林山水之美进行了生动描绘，称其为"江作青罗带，山如碧玉簪"，形象地勾勒出桂林山水的清秀与壮丽。1985 年，《中国旅游报》举办的"中国十大风景名胜"评选活动中，"桂林山水"荣获第二名，仅次于"万里长城"，这一荣誉不仅凸显了桂林山水在中国旅游界的重要地位，也彰显了其在全球旅游界的影响力。

桂林的旅游吸引力远不止市区的标志性景观。其辖下的各县区，特别是乡村旅游，以其原生态的自然风光和深厚的文化内涵，吸引了众多游客目光。阳朔县作为桂林乡村旅游的先驱，引领了整个地区乡村旅游的蓬勃发展。随着时间推移，桂林各县区的乡村旅游业也迎来了迅猛的发展和广泛传播，成为推动桂林旅游业增长的新引擎。桂林乡村旅游的魅力在于其独特的旅游体验，其不仅提供了与城市截然不同的自然美景，更让游客能够深入体验乡村生活，享受远离都市喧嚣的宁静与自在。在这里，游客可近距离欣赏到由喀斯特地貌塑造的壮丽山水，体验农家生活的乐趣，感受人与自然和谐共生的生活方式。无论是在山水间悠闲漫步，品尝地道的农家美食，还是参与农事活动和垂钓，桂林的乡村旅游均能满足游客对休闲度假的多样化需求。桂林乡村旅游的快速发展，不仅丰富了游客的旅游选择，也为当地经济带来了新活力，促进了社会文化的交流与融合，展现了桂林作为旅游城市的多元化和包容性。

5.1.2 数据来源

为探究桂林季节性旅游流对当地社会经济发展的深远影响，我们在桂林市的多个乡村进行了广泛的实地调研和数据收集工作。研究的具体数据采集的地点及选择这些地点的依据，如表5-1所示。在研究过程中，我们采用了便利抽样的方法，累计发放了超过1000多份的入户调查问卷，回收有效问卷903份。除此之外，研究还进行了深入访谈，形成了约14万字的访谈记录。

表 5-1　桂林家庭型乡村旅游经营户数据采集地

县区	采集村镇	样本	选点理由
龙胜县	龙脊镇大寨村新寨、大寨村田头寨、大寨村大寨、大寨村壮界	125	第一批全国乡村旅游重点村（2019）
灵川县	大圩镇袁家村、毛洲岛村、东漓古村	105	第一批全国乡村旅游重点村（2019） 第一批全国乡村旅游重点镇（2021）
雁山区	草坪乡草坪村、潜经村、碧岩阁村、下村	143	广西五星级乡村旅游区、广西特色景观旅游名乡
阳朔县	阳朔镇骥马村、鸡窝渡村、朝阳村、画山村、小河背村、厄根底村、韭菜山村、沙子溪村、正方村、观桥村、穿岩村、木山村、夏棠村、旧县村、骥马村、大石寨村、水厄底码头、桂林千古情景区	427	第二批全国乡村旅游重点村（2020）
恭城县	红岩村	71	第二批全国乡村旅游重点村（2020）
资源县	修睦村、车田苗族乡、五排河景区、天门山景区、龙塘村、土地堂村	22	广西五星级、四星级乡村旅游区
灌阳县	江口村	10	第二批全国乡村旅游重点村（2020）

　　在进行季节性旅游流对桂林市各县区乡村旅游地区农户生计的影响研究中，数据采集面临了诸多挑战。桂林地区独特的地理环境和社会文化背景，为调查工作增添了额外的难度。农户民宅的分布复杂，部分位于交通不便的偏远山区，这直接增加了研究团队入户调查的时间和精力消耗。山区农户住宅的高度和位置分散，进一步增加了调查的物理难度。方言障碍也是一个不容忽视的挑战，桂林及其周边乡村地区存在多种方言，可能对数据采集团队，尤其是不熟悉当地方言的成员，造成理解误差，影响数据准确性。在敏感问题的调查中，农户可能因文化和习俗差异而不愿透露真实情况，信任问题同样关键。外来研究团队可能会遭遇当地农户的怀疑，影响他们分享个人或家庭详细信息的意愿。建立信任需要时间，研究团队需在调查前通过当地社区领袖或其他信誉良好的中介人做好充分准备，介绍和解释调查的目的和重要性。每份问卷的调查访谈平均耗时 35～50 分钟，这不仅包括问卷填写，还涉及与农户建立沟通、解释调查目的、克服语言和文化障碍及确保数据质量等多重工作。尽管这种深入乡村的实地调

查方法耗时耗力，但其能够收集到更为真实和全面的数据，对深入理解乡村旅游地区农户的生计策略、生活条件，以及面临的挑战具有不可替代的价值。本书的实地调研及访谈数据采集工作的具体细节，如图 5-1 至图 5-6 所示。

（a）　　　　　　　　　　　（b）

图 5-1　桂林阳朔县、兴安县等乡村旅游地开展入户预调研

资料来源：笔者拍摄。

（a）　　　　　　（b）　　　　　　（c）

图 5-2　桂林阳朔县乡村旅游村开展入户数据采集

资料来源：笔者拍摄。

（a）　　　　　　　　　　　（b）

图 5-3　桂林恭城县乡村旅游村开展入户数据采集

资料来源：笔者拍摄。

（a）　　　　　　　　　　（b）

图 5-4　桂林灵川县乡村旅游村开展入户数据采集

资料来源：笔者拍摄。

（a）　　　　　　　　　　（b）

图 5-5　桂林雁山区乡村旅游村开展入户数据采集

资料来源：笔者拍摄。

（a）　　　　　　　（b）　　　　　　　（c）

图 5-6　桂林龙胜县乡村旅游村开展入户数据采集

资料来源：笔者拍摄。

5.1.3　研究方法

5.1.3.1　扎根理论分析

扎根理论，作为一种重要的质性研究方法论，由美国社会学家 Glaser

和 Strauss 于 20 世纪 60 年代提出。该方法论的核心在于通过对日常生活和社会现象中的原始资料进行系统性的深入分析与归纳，从而抽象出其中的概念、范畴与关系。通过自下而上的方式，扎根理论致力于发展出理论模型，这些模型来源于数据，而非基于预设的假设。其目标是构建具有本土化内涵、高信效度的理论模型，这点在多个学科领域，尤其是旅游研究领域，得到了广泛的应用和发展。选择扎根理论作为本书的研究方法基于两个主要原因。首先，国内乡村旅游地农户可持续生计问题的研究尚处于初期阶段，亟须通过深入的实地研究来挖掘和完善相关的理论框架和研究要素。其次，关于季节性因素对乡村旅游地农户生计影响的研究在国内尚属薄弱环节。扎根理论的应用有助于从原始数据中揭示旅游季节性与乡村旅游地农户生计间的具体逻辑关系，并能够自下而上地构建出相应的理论模型。通过扎根理论的应用，本书旨在填补现有研究的空白，为乡村旅游地农户的可持续生计提供理论支持和实践指导，同时为旅游季节性影响的深入理解提供新的视角。

在本书中，我们遵循 Glaser 和 Strauss 提出的扎根理论编码程序与原则，进行了严谨的定性分析。这一过程被划分为三个关键阶段：开放式编码、主轴编码和选择性编码。在开放式编码阶段，研究者对收集到的数据进行初步分解，目的是识别数据中的关键概念和范畴。这是一个探索性的过程，旨在打破数据的整体性，揭示其内在的构成元素。在主轴编码阶段，在识别出初步概念和范畴后，研究者进一步分析它们间的联系。这一阶段的目标是构建理论框架的主轴，通过识别和关联概念，形成对现象更深层次的理解。选择性编码阶段，其核心是围绕核心范畴，对前两个阶段的编码结果进行整合和精细化。这涉及对理论框架的进一步发展，以形成一个连贯、完整的理论体系。为确保研究过程的科学性和理论模型的可靠性，本书采用了质性分析软件 NVivo 11 对原始资料进行了系统的定性分析和语句编码。

5.1.3.2 定量分析

DEA 采用产出导向 CCR 模型进行效率测量。

$$\max\varphi$$

$$\text{s.t.} \sum_{j=1}^{n} \lambda_j x_j + S^- = x_0$$

$$\sum_{j=1}^{n} \lambda_j y_j + S^+ = \varphi y_0$$

$$\sum_{j=1}^{n} \lambda_j \geqslant 1$$

$$S^- \geqslant 0,\ S^+ \geqslant 0,\ \lambda_j \geqslant 0,\ j=1,2,\cdots,n \qquad (5-1)$$

式中：φ 为决策单元 DMU 的相对效率衡量指标；λ 为 DMU 的线性组合系数；x_j 为第 j 个决策单元的投入量；y_j 为第 j 个决策单元的产出量。S^- 为投入的松弛变量；S^+ 为产出的松弛变量；x_0 为决策单元的投入值；y_0 为决策单元的产出值。

依据式(5-2)，综合技术效率值(TE)进一步分解为纯技术效率(PTE)和规模效率(SE)。

$$TE(crs) = PTE(vrs) \times SE \qquad (5-2)$$

为研究乡村休闲旅游经营户的生计效率，本书基于 DFID 提出的可持续生计框架，从自然资本、物质资本、人力资本、社会资本和金融资本 5 个角度测量了农户生计资本，并将其家庭年收入作为生计产出，进行生计效率综合测量。其中，生计资本采集及赋值如表 5-2 所示。

表 5-2　农户生计资本指标体系及赋值

生计资本	评价指标	含义及赋值标准
自然资本	耕地资本	家庭拥有耕地面积×地块质量：优=1，良=0.75，中=0.5
	园地资本	家庭拥有园地面积×地块质量：优=1，良=0.75，中=0.5
	林地资本	家庭拥有林地面积×地块质量：优=1，良=0.75，中=0.5
物质资本	住房固定资产	与主干道距离：0~<25 米=1，25~<50 米=0.75，50~<75 米=0.5，≥75 米=0.25
		占地面积：≥150 平方米=1，100~<150 平方米=0.75，50~<100 平方米=0.5，0~<50 平方米=0.25
		建筑结构：土木=0.25，砖木=0.5，砖混=0.75，钢混=1
		建造年份：0~<5 年=1，5~<10 年=0.75，10~<20 年=0.5，≥20 年=0.25
		建筑楼层：1 层=0.25，2 层=0.5，3 层=0.75，4 层及以上=1
	耐用消费品资产	货车=1，家用轿车=0.8，农用机械(如拖拉机等)=0.6，摩托车/电动车=0.4，其他家电=0.2

生计资本	评价指标	含义及赋值标准
人力资本	人口数量	农户家庭人口数
	受教育水平	户内成员受教育水平平均值，其中单个成员受教育程度的赋值情况：未教育 = 0，小学 = 0.25，初中 = 0.5，高中及中专 = 0.75，大学及以上 = 1
	劳动力水平	全劳动力 = 1，半劳动力 = 0.5，无劳动能力 = 0
社会资本	社会资源	家庭亲友在村委、机关工作：有 = 1，无 = 0
	社区邻里关系	社区活动：经常参加 = 1，有时参加 = 0.5，极少参加 = 0
		邻居关系：往来频繁 = 1，往来一般 = 0.5，往来极少 = 0
	困难救济渠道	可向亲戚和朋友求助 = 1，可向亲戚或朋友求助 = 0.5，无可求助对象 = 0
	政府培训机会	有 = 1，无 = 0
金融资本	政府相关补贴	有 = 1，无 = 0
	借贷款难易程度	容易 = 1，一般 = 0.5，困难 = 0
	收入来源渠道数	4 种及以上 = 1，3 种 = 0.75，2 种 = 0.5，1 种 = 0.25，无 = 0

5.2 扎根理论与旅游流季节性波动对生计影响理论构建

5.2.1 开放式编码

开放式编码是扎根理论研究方法的首要阶段，其对研究数据进行初步分析，目的是从原始材料中提炼关键信息和概念。开放式编码包括三个关键步骤：首先，研究者需细致地逐字逐句分析研究材料，识别并标记出有价值的信息，这些标记是对数据片段的简单描述或总结。其次，通过对比和合并这些标记，发展出更抽象的概念。最后，将这些概念整合并范畴化，形成一组相互关联的范畴。在实际研究中，开放式编码是一个动态和迭代的过程，要求研究者在数据分析中不断回顾和反思，以确保生成的概念既得到数据支持，又能深入反映数据的深层含义。在本书中，通过对原始资料的深入分析，我们识别出了 54 个关键概念，这些概念全面覆盖了乡村旅游地农户生计的多个方面。这些概念随后被进一步归纳和整合为 17 个范畴，如表 5-3 和表 5-4 所示。

表 5-3　开放式编码过程

受访者编号	原始陈述	标签（定义现象）	概念化
S23	以前游客多的，从政府统一管控了之后就没有那么多了，把漂流全部垄断了之后生意就不好了（aa10）。以前遇龙河还没有统一管理的时候，基本上有 20~30 个小老板，每个小老板基本上有 40~50 张竹筏，那个时候遇龙河的漂流满江是竹筏，县政府每天收管理费（aa13）。没有很多在划竹筏了，还是少，以前上千人，现在就是搞得怎么说呢，60 岁就不允许去了（aa45）。竹筏都是本地人在这儿划，外乡人都不给你划（aa46）	aa10 竹筏漂流由政府统一管理 aa13 以前竹筏漂流由私人经营 aa45 筏工年龄限制 aa46 筏工分河段管理	a2 管理制度
S15	七八月吧，这儿七八月人比较多，七八月是旺季哦。满满的两个月（aa24）。然后平时的话就是周末或者是黄金周（aa25）。一年在这里做生意的话不到 10 个月，其他时间也很辛苦。你看一年只做 4 个月，最多了 4 个月（aa26）。暑假两个月，其实有时候好，有时候不好，但也算是旺季了，也就是两个月（aa24）。然后加上一年的清明、五一、端午、中秋、国庆假，这样子数的话也就五六个节假日加上周末（aa27）。就是如果算出来，因为是自由经营，每年像微信收款哈，我都会知道那个数额怎么样怎么样哈，会知道哪个地方比较多，然后大致算了一下，最多也就 4 个月（aa26）	aa24 暑假 aa25 周末 aa26 旺季持续时间 aa27 节假日	a9 旅游旺季
S15	10 万哈（aa19）。就直接是店里面的设备、东西好（aa20）。这个房间不止啊，像我们这里，我隔壁竟有一栋五层哦金黄色很贵的。在这里呢材料都是很贵的，因为这里是旅游区，也对所有的开发这些东西都要到位。你们自己开也很贵哈（aa21）	aa19 资金投入 aa20 设备投入 aa21 旅游经营投入大	a19 旅游经营资产

受访者编号	原始陈述	标签(定义现象)	概念化
S33	淡季就少点，少请一点。我们生意好、味道好，所以要请人。不请的话，自家做也做不来(aa52)。我们每天在这里，一年都在这里，除非家里有事(aa53)	aa52 淡季坚持雇用员工 aa53 淡季开店营业	a44 坚持旅游工作
S59	生意好的时候一天两三千啊(aa67)。生意淡的时候有时候连开张都开不了(aa68)。反正比打工也强啊！说心里话。你打工一天得加班，累得要死还是得了几十块(aa69)	aa67 旺季收入 aa68 淡季收入 aa69 旅游收入比务工收入可观	a54 生计资产提升

表 5-4 开放式编码：分类

概念化	子类	解释
a1 政策环境	A1 政策与制度环境	乡村旅游地政府或组织的旅游扶持政策和对景区、市场、土地等事务的管理制度，以及当地村民的决策话语权
a2 管理制度		
a3 旅游业态	A2 乡村旅游市场环境	乡村旅游地当前的旅游市场发展情况
a4 市场失序		
a5 竞争环境		
a6 生态环境	A3 自然生态环境	乡村旅游地的生态环境和受到的自然灾害情况
a7 自然灾害		
a8 旅游淡季	A4 旅游淡旺季时间	乡村旅游地的旅游淡旺季时间差异
a9 旅游旺季		
a10 经营情况	A5 旅游淡旺季市场需求	乡村旅游地旅游市场需求出现的暂时不平衡现象
a11 消费意愿		
a12 淡季客流趋势	A6 旅游淡旺季客流波动	乡村旅游地的客流趋势出现的暂时不平衡现象
a13 旺季客流趋势		
a14 家庭地理位置优越性	A7 物质资本	农户用于生活和旅游经营的住房、生产资产等物资设备
a15 住房数量		
a16 住房面积和层数		
a17 住房拥有门面情况		
a18 生产资本		
a19 旅游经营资产		

续表

概念化	子类	解释
a20 技能培训机会	A8 社会资本	农户拥有的亲朋邻里关系、社会人脉、社会保险等社会资源
a21 保险购买情况		
a22 亲友及邻里关系		
a23 社会人脉		
a24 社区集体活动参与情况		
a25 家庭接受政府或景区的补贴和分红情况	A9 金融资本	农户的经营年收入、政府补贴和借贷情况
a26 借贷情况		
a27 家庭年收入		
a28 家庭年龄情况	A10 人力资本	农户家庭劳动力的数量、年龄、受教育情况等知识、技能、能力和健康状况
a29 家庭受教育情况		
a30 家庭劳动力情况		
a31 家畜养殖情况	A11 自然资本	农户拥有的农田、耕地、家畜等自然资源
a32 土地种植情况		
a33 土地拥有情况		
a34 乐观	A12 心理资本	农户相信自己能够改善生计状况而表现出来的积极的心理状态
a35 韧性		
a36 希望		
a37 自我效能		
a38 传统务农型	A13 生计类型	由于农户所采取的不同生计策略组合而形成的分类
a39 务工主导型		
a40 旅游主导型		
a41 均衡兼业型		
a42 务工补充收入	A14 淡季工作方式	农户受旅游季节性影响而在淡季采取的不同的工作方式
a43 务农补充收入		
a44 坚持旅游工作		
a45 休息		
a46 增加工作时间	A15 旺季工作方式	农户受旅游季节性影响而在旺季采取的不同的工作方式
a47 雇佣人员情况		
a48 增加资产投入		
a49 涨价		

概念化	子类	解释
a50 不同河段的旅游业发展情况	A16 旅游业可持续性	乡村旅游业在当地持续发展的可行性
a51 农户的旅游参与度		
a52 农户对乡村旅游的认可度		
a53 生计满意度	A17 生计可持续性	农户对当前生计的满意度，现有谋生方式维持、提升其生计资产的可持续性
a54 生计资产提升		

5.2.2 主轴编码

主轴编码是扎根理论研究方法中的深化阶段，其建立在开放式编码所识别的概念基础上。这一阶段的核心目标是构建概念、属性和维度间的联系，通过深入的比较和归纳，进一步提炼和整合概念，衍生出研究的主范畴。主轴编码着重探索副范畴间的内在逻辑关系及其对研究现象核心意义的贡献。在执行主轴编码时，研究者需对开放式编码阶段形成的副范畴进行细致分析，包括比较它们的属性和维度，探索逻辑联系与潜在差异，并评估这些范畴在理解研究主题中心问题中的重要性及其在理论框架构建中的作用。在本研究中，开放式编码阶段识别出的 17 个副范畴经过反复的比较、归纳和聚敛，以及对它们之间逻辑关系的深入分析，最终整合为 5 个主范畴。这些主范畴不仅捕捉了乡村旅游地农户可持续生计研究的核心内容，也指明了研究的主要方向，其详细内容如表 5-5 所示。

表 5-5 主轴编码：主要类别

副范畴	主范畴
A1 政策与制度环境	AA1 乡村旅游发展环境
A2 乡村旅游市场环境	
A3 自然生态环境	
A4 旅游淡旺季时间	AA2 季节性
A5 旅游淡旺季市场需求	
A6 旅游淡旺季客流波动	

续表

副范畴	主范畴
A7 物质资本	AA3 生计资本
A8 社会资本	
A9 金融资本	
A10 人力资本	
A11 自然资本	
A12 心理资本	
A13 生计类型	AA4 生计策略
A14 淡季工作方式	
A15 旺季工作方式	
A16 旅游业可持续性	AA5 生计结果
A17 生计可持续性	

5.2.3 选择性编码

选择性编码是扎根理论分析过程中的集大成者，其在主范畴的梳理、归纳和提炼的基础上，致力于挖掘能够统摄所有范畴的核心范畴。围绕这一核心范畴，研究者构建出一条脉络，用以阐释主范畴间的逻辑联系，并进一步深化理论的阐释力。在本书中，通过反复审视原始资料、开放式编码和主轴编码的结果，深入分析它们之间的相互关系，我们最终凝练出核心范畴——季节性影响下的乡村旅游地农户可持续生计模型。本研究构建的故事线指出：乡村旅游的发展环境和旅游活动的固有季节性特征，对农户的生计资本配置和策略选择产生深远影响，进而导致差异化的生计结果。旅游季节性特征被识别为影响乡村旅游地农户可持续生计框架的关键因素。在季节性因素的作用下，乡村旅游地农户的生计框架与非乡村旅游地农户存在显著差异，尤其在旅游旺季与淡季期间，农户的生计资本、策略选择及生计结果均表现出明显的变化。基于上述分析，本研究构建了一个理论模型(见图5-7)，该模型展示了季节性因素如何塑造乡村旅游地农户的可持续生计框架，以及这些因素如何通过影响农户的资本和策略选择，最终影响其生计结果。

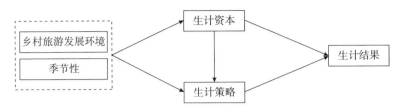

图 5-7　季节性影响下的乡村旅游地农户可持续生计模型

5.2.4　理论饱和度检验

在扎根理论研究方法中，理论饱和是一个关键概念，其标志着通过持续的数据收集和分析，当新数据不再引入新的范畴或对现有范畴的理解不再有显著变化时，研究者可认为理论构建已达到了饱和状态。它意味着研究中发现的概念和范畴已经足够全面和深入，能够充分解释研究现象。为验证本书构建的理论模型是否达到理论饱和，本书采用了理论抽样的方法，对 10 份原始访谈资料进行了深入三级编码分析，包括开放式编码、主轴编码和选择性编码。编码过程的结果显示，这些新数据中没有出现新的范畴，也没有对已有范畴的理解产生明显变化。所有新提取的概念均已被现有的范畴涵盖，从而确认了理论模型已达到了理论饱和。

5.3　旅游流季节性波动对生计的影响机理

5.3.1　旅游流季节性波动对农户生计资本的影响

季节性波动对自然资本的影响是多维度的，其分析可从多个角度深入探讨。首先，自然条件的季节性变化，包括地形地貌、气候水文条件及生物矿产资源等，构成了旅游地季节性波动的主要自然因素（Geneletti and Dawa，2009）。气候条件的季节性变化，特别是温度和降水量的差异，对旅游者的出游决策产生直接影响。例如，通过温湿指数和风效指数等指标衡量的气候舒适度，可直接反映季节变化对旅游吸引力的影响。理论上，气候温和、少雨的季节更适宜旅游活动，这些季节通常也是乡村旅游的高峰期，农户可在此期间提升自然资本价值，如开发观光农业和乡村旅游活动。其次，乡村地区的自然景观，如农田、山林、水体等，不仅是乡村旅游的基本资源，也是农户重要的生计资本。季节变化赋予这些景观不同的美学价值，如春季的油菜花和秋季的金黄梯田，这些景观能吸引大批游客，为农户带来额外收入。因此，季节性波动对农户的自然资本既是挑战也是机遇，农户需根据季节变化调整生计策略，以最大化自然资源的旅游潜力。此外，旅游流的季节性波动还会影响农户自然生计资本的经济价值。在旅游高峰期，农户拥有的自然资源因其观光休闲价值而变得相对稀缺，可通过提供观光、体验农事、农家乐等服务来获取较高收益。然而，在旅游淡季，这些资源的经济价值可能会降低，农户需寻找其他生计手段以保障收入稳定。因此，旅游流的季节性波动对乡村旅游地农户的自然资本产生了复杂且多维度的影响，农户需灵活调整生计策略，利用季节性变化带来的机遇，并准备应对挑战，以实现生计的可持续发展。

季节性旅游流的波动对乡村旅游地农户的物质资本，尤其是固定资产的影响，主要体现在如何实现这些资产在旺季与淡季的高效利用上。对经营乡村旅游的农户，住房、交通工具等固定资产不仅是日常生活的基础，也是其商业活动的关键资源。因此，农户需精心规划和利用这些物质资本，以适应旅游业的季节性波动，这成为其生计策略中的一个重要方面。在旅游旺季，农户的住房和车辆等固定资产通常用以支持旅游接待和运营活动，如提供住宿和交通接送服务。这些资产的配置和使用效率直接关系到农户的经营收益。农户在购置车辆或建设住房时，会考虑其是否能够满足旺季高峰的需求，可能会选择建造多功能住房或投资能够在旺季提供有效服务的车辆。而在旅游淡季，农户面临的挑战是如何避免固定资产的闲置浪费，进而将其转化为其他用途或收益来源。一些农户可能会将住房转变为长期出租的住所，或利用车辆进行农产品运输等非旅游季节的经营活动。这样的策略不仅为农户在淡季提供了稳定的收入，也提高了固定资产的使用效率和价值。综上所述，季节性旅游流的波动要求农户在固定资产的规划、购置和利用上采取灵活多样的策略。通过在旅游旺季和淡季间灵活调整固定资产的使用，农户可更好应对旅游市场的季节性波动，实现物质生计资本的最大化利用，并推动其生计的可持续发展。

季节性旅游流的波动对乡村旅游地的人力资源供求关系产生显著影响，这对乡村旅游家庭的资源调配与规划带来了一系列挑战。在旅游旺季，游客数量的激增导致对旅游服务业人力需求的急剧上升，如餐饮服务、住宿管理、导游解说等岗位人力需求的增加，常造成人力资源供不应求的局面。此时，乡村旅游地农户必须充分利用家庭内部的人力资本，包括家庭成员的劳动力投入及可能的外部临时工，以满足旺季的经营需求。然而，随着旅游淡季的到来，市场需求的下降和旅游相关业务的减少，使原本紧张的人力资源变得相对富余。乡村旅游地家庭面临的挑战转变为如何有效管理和调配这部分富余的人力资源，避免其闲置浪费，同时为农户家庭带来稳定的收入。可能的策略包括将劳动力转移到季节性较小的经营活动，如农业生产、家庭手工艺品制作，或通过参与职业培训提升家庭成员技能，以便在淡季寻找其他收入来源。对于乡村旅游地农户而言，有效应对人力资源的季节性波动，需灵活调配家庭内部人力资源，并对外部人力市场保持敏感和有效利用。例如，通过与其他农户或旅游企业建立合作关系，实现人力资源的共享或互换，降低人力成本，提高整体利用效率。此外，政府和相关组织应提供培训项目、创业指导、就业信息服务等支持，以帮助农户更好管理和规划家庭人力资本，提升对季节性旅游流波动的适应能力，促进乡村旅游地的可持续发展和农户生计的稳定。

从社会资本的视角审视，季节性旅游流对乡村旅游地农户的生计产生了显著影响。在旅游旺季，经营者可借助其丰富的社会关系网络，包括与客户、供应商、同行业者及政府部门的联系，寻找新的经营机会和增加收益渠道。这种社会资本的有效运用，不仅为农户带来直接的经济收益，还提升了其在当地的社会地位和影响力，从而带来更多间接利益，如获取更优质的市场信息和更有效的资源分配。在旅游淡季，由于经营活动相对减少，农户拥有了更多时间和机会参与由政府或其他组织提供的技能培训项目。这些培训覆盖了旅游业相关的专业技能，如导游技能、客户服务、旅游产品开发，也包括农业技术、小微企业经营管理、数字营销等多方面的知识和技能。通过这些培训，农户可在淡季提升经营能力和服务质量，为旺季的高效经营打下坚实基础。此外，社会资本的累积和强化为农户提供了更广泛的支持网络，这在遇到经营困难或个人生活问题时显得尤为重要。社区成员、亲友或专业组织的帮助和支持，成为农户应对挑战的重要资源。在旅游淡季，农户通过参与社区活动和社交活动，进一步加强与社区成员间的联系，增强社会凝聚力，促进社区和谐发展。总体而言，季节性旅游流的波动对乡村旅游地农户的社会资本造成了复杂影响。旺季为农户提供了利用社会资本增加收益的机会，而淡季为他们提供了通过参与培训和社区活动来增强自身社会资本的机会，这对促进乡村旅游地的可持续发展和农户生计的稳定具有重要意义。

从金融资本的角度审视，季节性旅游流对乡村旅游地农户家庭收入的稳定性具有显著影响。对于以旅游业为主要收入来源的乡村旅游地农户来说，旅游收入的季节性波动造成现金流的不稳定性对农户的日常生活和经营活动的资金安排造成了深远影响。农户需在旺季合理安排资金，以确保在淡季时有足够的储备来维持生活和应对可能的经营风险。此外，收入的不稳定性也增加了农户在进行长期投资和规划时的不确定性，限制了他们对农业技术和设施的升级改造，从而影响了农业生产的可持续性。此外，农户收入的季节性波动同样对银行和其他金融机构的风险评估产生了影响。金融机构在提供信贷服务时，需考虑农户的还款能力和信用状况。由于旅游收入的不稳定性，农户在淡季可能面临还款压力，这增加了金融机构的信贷风险。因此，金融机构可能会提高贷款的门槛，或者在贷款条件上设置更为严格的要求，如更高的利率或更短的还款期限。这种信贷条件的紧缩进一步限制了农户获取贷款和其他金融服务的可能性，加剧了农户的经济困境。

5.3.2 季节性作为脆弱性环境的重要组成部分，直接影响旅游地农户生计策略

农户对季节性变化的主观感知在决定其生计资本配置和策略选择上扮演至关重要的角色。季节性不仅是生计外在脆弱性环境的一个关键要素，

也是农户面对环境波动时采取适应性生计安排的催化剂。学术界对农户生计策略的分类多种多样，通常根据农户的主要收入来源进行区分，形成了务农主导型、务工主导型、旅游主导型等不同的生计策略类别。此外，季节性的就业模式，如季节性务工和季节性务农，也是生计策略的重要组成部分。研究表明，在旅游旺季，农户倾向将更多的物质资本、金融资本、社会资本和人力资本投入乡村旅游业中。而在旅游淡季，农户可能会转向务农活动以补充收入，重新利用可能在旺季被忽略的田地，使自然资本在淡季的利用率可能高于旺季。物质资本的配置在对季节性变化感知不同的农户间表现出显著差异，这可能是因为对季节性变化有更强感知的农户更能有效地准备和规划应对措施，拥有足够的物质资本来抵御淡季的影响。就生计策略的选择而言，旺季时增加人员、工作时间和旅游经营资产的投入是参与旅游经营农户的普遍做法。淡季时农户在继续从事旅游工作的同时，可能会寻求其他工作机会来补充收入。尽管淡季游客数量大幅下降，市场供应过剩，但大多数农户仍选择维持现有的旅游业务。Su 等(2019)研究表明，尽管多元化的生计策略有助于家庭抵御季节性等生计风险，但如果资源分散过多、参与多种生计方式效率低下，则可能降低家庭的整体生计效率。可见，季节性对生计策略的影响仍受旅游业发展成熟程度等诸多因素的影响。

5.3.3 旅游流季节性波动通过生计资本与策略的差异，影响生计产出水平

旅游流的季节性波动对农户的生计资本和策略选择产生显著影响，进而作用于生计产出水平。乡村旅游地区的游客数量季节性波动为当地农户带来不同的商业机遇，这些机遇最初往往被对市场敏感的外来及本地投资者把握，并通过示范效应影响其他农户。随着乡村旅游业的发展，农户在评估旅游业对家庭生计的潜在机会后，会基于自身的生计资本状况和市场信心，做出相应的策略选择。专业化乡村旅游业态，如农家乐和民宿的兴起，导致乡村旅游经营趋向资本密集型，要求经营者在土地使用、房屋改造、装修及运营等方面进行更多投入。因此，生计资本水平较高的经营者在规划和选择生计策略时，可能面临更多样的选择和更大的业务范围。

具有丰富自然资本的农户倾向选择以农业为主的生计策略，形成以农业收入为主的家庭收入特征。而自然资本较弱的农户可能更倾向选择务工或参与旅游业的生计策略，从而形成以非农业收入为主的家庭收入特征（Segre et al.，2011）。生计产出的水平和稳定性与所采取的具体策略密切相关。季节性旅游流波动导致的生计产出波动呈现随季节变化的趋势。农户若能在生计策略选择上做出适当的调整和补充，可能实现生计产出的相对稳定。季节性旅游流对生计产出水平的影响是间接的，生计资本和生计策略可能在其中扮演中介或部分中介的角色。通过优化生计资本配置和灵活调整生计策略，农户可在面对旅游流季节性波动的挑战时，保持生计产出的稳定性和增长潜力，提高生计的可持续性与风险抵御能力。

5.4 旅游流季节性波动与生计的关系

5.4.1 乡村休闲旅游地农户的自然资本整体偏弱

通过针对 903 个家庭农户的有效样本进行的调查分析，我们发现，生计资本指数的平均值为 1.32。乡村旅游地农户在自然资本方面存在显著的不足，其平均值仅为 0.16（见图 5-8）。这一发现在根本上解释了为何大多数农户家庭倾向转向非农生计行业，尤其是旅游业等服务业。物质资本和金融资本的均值相对较高，达 0.328，表明乡村旅游地的农户已经在一定程度上从旅游业的发展中获益，能够通过提供旅游相关服务和产品来增加家庭的物质和金融资源。人力资本的平均值紧随其后，为 0.277，这反映出农户家庭依然保有相对稳定的劳动力资源，这是农户参与旅游业等服务业的重要基础。社会资本指数则相对较低，平均值为 0.233，可能表明乡村旅游地农户在社会网络和社会支持方面的资源较为有限，这在一定程度上限制了他们获取信息、资源和机会的能力。

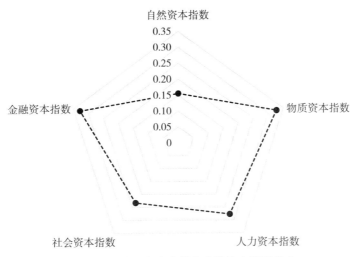

图 5-8 有效调查农户样本生计资本指数分布

5.4.2 采取不同主营生计策略的农户中,主营旅游的农户生计资本最高

在乡村旅游经营的背景下,生计资本指数的分析结果揭示了农户家庭选择以旅游业作为主要生计策略时,往往拥有更高的生计资本(见图5-9)。

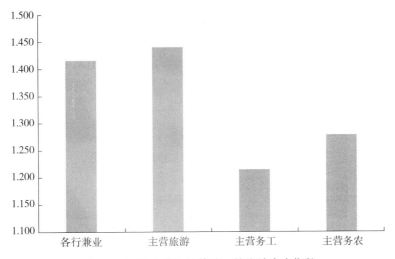

图 5-9 不同主营生计策略下的生计资本指数

　　具体来看，那些以旅游业为主要经营活动的农户家庭，其生计资本指数平均值达 1.440，这表明这些家庭在自然资本、物质资本、人力资本、社会资本及金融资本方面具有较为全面的优势。这些优势不仅为其提供了从事旅游业的必要条件，也是其能够成功吸引游客、提供优质服务、实现家庭收入增长的关键因素。对采取多元化生计策略的农户，即各行兼业型农户，其生计资本指数为 1.416，反映出这些家庭也拥有较高的生计资本。这种策略的多样性使家庭能够在不同的经营活动中灵活调整，减少对单一生计来源的依赖，从而增强家庭的抗风险能力。相比之下，主营务农和主营务工的农户的生计资本指数分别为 1.278 和 1.215，相对较低。这反映出这两类家庭在综合生计资本配置上可能存在一定的不足，尤其是在乡村旅游迅速发展、市场竞争日益激烈的背景下，这些家庭面临的挑战更为严峻。因此，乡村休闲旅游地农户的生计资本状况与其生计策略选择密切相关。在当前乡村振兴和旅游发展的大背景下，以旅游业为主营的农户由于生计资本的综合优势，更有可能抓住发展机遇，实现家庭收入的增长和生活质量的提升。

　　对乡村旅游地农户家庭的生计策略选择及其生计资本构成的差异性进行探讨时，可明显观察到不同生计策略的农户家庭在自然资本、物质资本、人力资本、社会资本及金融资本方面存在显著差异（见图 5-10）。

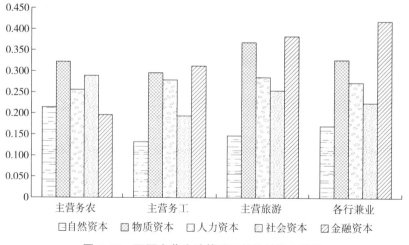

图 5-10　不同主营生计策略下的生计资本比较

从自然资本角度来看，以务农为主导的农户通常拥有较高的自然资本，这主要得益于他们拥有较多的耕地和较优质的土地资源，为农业生产提供了基础资源。这一现象在一定程度上表明，自然资本的丰富是农户继续从事农业生产的重要动因。相反，以务工为主导的农户往往拥有较低的自然资本，可能是由于所在地区的农业生产条件较差或土地资源有限，促使他们寻求外出务工以补充家庭收入。在物质资本方面，主营旅游的农户往往拥有最丰富的物质资本，包括优质的住房条件、丰富的生产工具和完善的基础设施。这些优势为吸引游客和提供旅游服务提供了更好的条件，有助于增加家庭收入。而以务工为主导的农户在物质资本方面尚显不足，可能限制了他们在家乡进行生产活动的能力。在人力资本方面，以旅游为主导的农户同样具有优势，这可能与从事旅游业所需的较高教育水平、良好的健康状况和较强的技能有关。这些因素使农户能够更有效地管理和运营旅游业务，实现较高的收入。而以务农为主导的农户可能因长期从事劳动密集型农业活动，在教育和技能方面的投入较少，导致人力资本相对较低。在社会资本方面，以务农为主导的农户表现出较高的社会资本，可能与传统农业社区中邻里互助的文化密切相关。农户通过丰富的社会关系网络获取生产资料、劳动力及应对生产风险的支持。相比之下，以务工为主导的农户可能因长期外出务工，与本地社区的联系趋淡，导致社会资本较低。在金融资本方面，各行兼业的农户与以旅游为主导的农户均显示出较高的金融资本，反映了生计多样化和旅游业务均可为农户带来较高的经济收益，使农户有更多的资金进行再投资。而以务农为主导的农户由于农业生产的不确定性和季节性，金融资本相对较低，这可能限制了他们进行生产投入和改善生活条件的能力。

在乡村休闲旅游发展的背景下，农户家庭的参与情况及其生计资本构成的差异性，凸显了旅游经营对特定生计资本的要求。本书揭示了一个关键现象：参与旅游经营的农户在人力资本、金融资本、物质资本方面普遍呈较高水平，而对自然资本和社会资本的依赖相对较少。这种差异性不仅反映了旅游业务对资本配置的特殊需求，也表明了农户参与旅游经营的可能性与其生计资本的累积和配置紧密相关。首先，参与旅游经营的农户生计资本指数普遍高于未参与者，这表明高水平的人力资本、金融资本和物质资本为农户参与旅游经营提供了基础条件。高水平的人力资本可能反映了较高的教育程度、专业技能或健康状况，这些是提供高质量旅游服务的关键要素。金融资本的优势为旅游业务的初始投资和持续运营提供了资金保障。物质资本的充裕，如适宜的住宿设施和交通工具，为旅游业务的开展提供了必要的基础设施。其次，尽管不参与旅游经营的农户在自然资本上略高，但这并不意味着自然资本对参与乡村旅游经营的农户不重要。这可能反映了一种生计策略的选择偏好：自然资本丰富的农户可能更倾向继续从事传统农业生产；而其他类型的生计资本丰富的农户可能更倾向进入旅游市场，寻求更高收益。社会资本和自然资本在两类农户间的差异不显著，表明了社会网络和自然资源在乡村旅游经营中的作用有限。虽然良好的社会关系和充足的自然资源对某些旅游业态是基础，但它们并非决定农户能否成功参与旅游经营的唯一因素。在当前乡村旅游发展模式下，人力资本、金融资本和物质资本的累积与配置扮演了更为核心的角色。因此，农户是否参与旅游经营，以及其生计资本的构成与配置，揭示了乡村旅游发展中农户生计策略选择的复杂性和多样性(见表 5-6)。

表 5-6　参与旅游经营组与不参与组生计资本指数 t 检验分析

分析项	项	样本量	平均值	标准差	平均值差值	差值95% CI	t 检验	df	p
生计资本指数	N	344	1.21	0.46	-0.17	-0.237~ -0.111	-5.442	901.000	0.000**
	Y	559	1.39	0.47					
	总计	903	1.32	0.47					

注：** p<0.01。

5.4.3　从综合技术效率来看，乡村旅游经营户不占优势

通过对不同主营生计策略的农户家庭进行综合技术效率评估，研究发现主营务农的家庭在技术效率上表现最为突出，均值达 0.597(见图 5-11)。

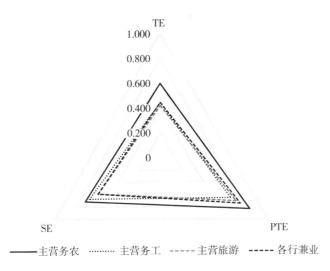

图 5-11　不同生计策略下的生计效率

　　这一结果反映出这些农户通过优化自然资源的使用和科技应用，有效提升了生计活动的效率。特别是在桂林地区推广的经济作物如砂糖橘、金橘种植，结合科技支持和政府补贴，极大促进了务农户生计效率的提升。这些措施不仅提高了农业产出，也为农户提供了更稳定和可持续的生计来源。从生计效率的细分指标来看，主营务农户在纯技术效率（PTE）和规模效率（SE）上均有显著表现，表明农户在农业生产的管理和规模扩张方面表现出色。这进一步说明，乡村旅游地的农业发展不仅依靠自然资本的优势，还依赖农户对农业生产技术的掌握和应用，以及对生产规模的合理规划和扩张。相比之下，主营旅游业的农户在生计效率及其分解指标上的排名相对靠后。特别是在规模效率方面的不足，表明旅游业务的生计投入与产出间可能存在不匹配，或规模扩张未能带来预期的效益增长。这可能与旅游业务的季节性特征、市场竞争激烈，以及对旅游服务质量和体验的高要求有关。主营旅游农户面临的挑战不仅是吸引游客，还包括在保持服务质量的同时进行规模扩张，以及在旺季和淡季之间平衡资源配置以维持稳定收入。

　　在对乡村旅游对农户生计影响的研究中，利用产出导向的 DEA CCR 模型的分析结果显示：未参与乡村旅游经营的农户在生计效率上超过了那些参与乡村旅游的农户（见表5-7）。

表 5-7 参与旅游经营组与不参与组生计效率 t 检验分析

项目	是否参与旅游经营(平均值±标准差)		t 检验	p
	N($n=344$)	Y($n=559$)		
技术效率	0.54±0.26	0.48±0.19	3.413	0.001**

注: ** $p<0.01$。

具体来说，不参与乡村旅游的农户生计效率的几何均值为 0.54，而参与乡村旅游的农户生计效率为 0.48，统计学的 t 检验确认了这一差异的显著性。这一结果对乡村旅游的发展及其对农户生计的影响具有值得深思的启示。首先，其可能表明尽管乡村旅游为当地农户提供了新的收入来源和改善生计的机会，但并非所有参与其中的农户都能有效地抓住这一机遇。生计投入与产出间的低效率可能源于多种因素，如对市场需求的不准确判断、经营管理能力的不足、乡村旅游的季节性波动，以及旅游产品和服务质量的不稳定性。其次，这意味着乡村旅游并非适合所有农户，其需要经营者具备一定的资源和条件。对于一些农户而言，继续专注传统农业生产或外出务工可能会带来更稳定和可预测的收入，从而提升农户生计效率。因此，乡村旅游的发展策略需要综合考虑不同农户的具体情况和需求，鼓励和支持农户根据自身资源条件和能力，做出最适合自己的生计策略选择。这要求政策制定者和实践者深入了解农户的实际情况，提供差异化的指导和支持。

5.4.4 季节性低谷期(淡季)：不同收入水平下的乡村休闲旅游家庭型经营户特征

旅游淡季对乡村旅游经营者的收入造成了显著的负面影响。据调查，约半数经营者的日收入均值不超过 83 元，而 1/4 的经营者日收入甚至不足 50 元，在最糟糕的情况下，日收入可能降至零。这种较大的日收入波动在乡村旅游经营户中普遍存在，凸显了旅游淡季对其经济状况的重大冲击。对乡村旅游经营户按其主要生计策略分类后发现，那些将旅游业作为主营业务的农户，在淡季的日均收入相对较高，平均为 253 元。这表明将旅游业作为主要收入来源的农户，在旅游淡季仍能保持相对稳定的收入水平。

然而，对那些将旅游业作为兼营业务的农户，其淡季日均收入显著降低至
103 元。这一发现说明，当旅游业作为辅助性经营活动时，农户抵御淡季
收入下降的能力较弱。进一步分析显示，以农业为主营业务的农户，在旅
游淡季的日均收入进一步下降至 63 元。这可能反映了农业活动在淡季的自
然限制和市场需求的减少。而以务工为主的农户，在淡季的日均收入最
低，仅为 56 元，这可能与务工机会的季节性减少有关(见表 5-8)。

表 5-8　不同生计策略家庭农户从事旅游业经营的淡季收入统计

项	生计策略				汇总
	主营务农	主营务工	各行兼营	主营旅游	
n	52	130	89	288	559
平均值	63.096	56.477	103.348	253.014	165.812
标准差	72.158	63.773	90.999	390.894	299.378
平均值±标准差	63.096±72.158	56.477±63.773	103.348±90.999	253.014±390.894	165.812±299.378
求和	3281.000	7342.000	9198.000	72868.000	92689.000
最小值	0	0	0	0	0
最大值	515.000	400.000	550.000	3300.000	3300.000
25 分位数	35.000	18.750	50.000	75.000	50.000
中位数	50.000	50.000	80.000	150.000	83.000
75 分位数	67.000	71.250	124.500	257.000	172.000
90 分位数	119.200	100.000	180.000	501.500	343.000
95 分位数	150.000	150.000	305.000	881.100	515.000
99 分位数	515.000	400.000	550.000	2518.370	1829.000
标准误	10.007	5.593	9.646	23.034	12.662
均值95% CI(LL)	43.484	45.514	84.443	207.869	140.994
均值95% CI(UL)	82.709	67.440	122.254	298.159	190.630
极差	515.000	400.000	550.000	3300.000	3300.000
四分位间距	32.000	52.500	74.500	182.000	122.000
方差	5206.794	4067.058	8280.843	152798.362	89627.174
峰度	30.955	13.498	8.493	25.236	45.389
偏度	5.025	3.180	2.579	4.552	5.958

5.4.4.1 淡季高收入群体(日均收入≥1000元)特征分析

在旅游淡季,能够实现较高日收入的乡村旅游经营户往往拥有较大规模的餐饮和民宿业态,并且经常有外来资本的参与。这些经营户通常位于地理位置优越的区域,能够吸引更多的游客。特别是那些在淡季日均收入达到或超出1000元的农户群体,旅游业务构成了他们的主要收入来源,其中85%的农户主要提供旅游餐饮农家乐服务。在这一收入层级中,约31%的农户同时提供民宿和农家乐餐饮服务,这表明提供综合性旅游服务是实现高收入的关键因素。还有少数农户能够提供包括旅游住宿、餐饮、票务、土特产销售及旅游交通服务在内的全套服务,这种一站式服务模式同样有助于在旅游淡季提高收入水平。从地理分布来看,淡季高收入的农户主要集中在龙胜大寨村、阳朔画山村、灵川大圩古镇和阳朔鸡窝渡村等地区,其中阳朔县画山村的表现十分突出,且有相当比例的高收入户为外来经营者。这一现象凸显了优越地理位置对乡村旅游经营成功的重要性,尤其是在旅游淡季,良好的地理位置能够为经营户带来相对稳定的客流,保证较高的收入水平。这些数据表明,尽管乡村旅游淡季对于大多数经营户而言可能是收入较低的时期,但对于那些能够提供综合性服务、位于地理位置优越地区并且能够吸引外来资本参与的经营户来说,淡季仍能够实现较高的收入。

在乡村旅游经营户的生计策略研究中,淡季高收入农户的表现为可持续生计理论提供了新视角。特别是,这些经营户100%全年持续从事旅游经营,并未采取其他生计策略作为补充。这一现象揭示了农户在旅游经营方面的专注程度和高度专业化,挑战了可持续生计理论中关于生计渠道多样性与生计可持续性直接相关的传统观点。实际情况中,乡村旅游地经营户的生计策略多样性并非始终是提高生计可持续性的有效手段。相反,本书发现,在特定情况下,注重单一且专业化的旅游经营活动可能更有助于实现生计的可持续性。这表明,在乡村旅游发展的一定阶段,生计策略的多样性可能是经营户应对季节性波动和市场不确定性的暂时性策略。随着经营者对旅游市场的深入理解、经营能力的提升,以及资本的积累,农户可能更倾向选择稳定和专业的旅游经营模式。这种模式使农户即使在旅游淡季也能保持较高的收入水平,而无须依赖多样化的生计策略来保障家庭收入的稳定。此外，这种收入模式的稳定性和专业化程度反映出，随着乡村旅游业的成熟和市场的发展，经营户可能更倾向于通过专业化经营来提高生计的可持续性，而不仅依赖于增加生计策略的数量。

5.4.4.2　淡季低收入群体(日均收入≤50元)特征分析

淡季低收入群体的特征分析揭示了乡村旅游经营中生计策略选择的复杂性。与淡季高收入群体的专业化和规模化经营不同，淡季低收入群体在生计策略选择上更倾向平衡生活质量和家庭责任。这一现象突出了乡村旅游经营户在生计策略选择上的多样性，以及背后的个人和家庭因素。首先，69.1%的淡季低收入群体选择乡村旅游经营是出于离家近、能够照顾家庭的需求。表明，对于部分农户而言，参与乡村旅游经营不仅是为了经济收入，更重要的是在履行家庭责任和社会责任的同时寻求额外收入。这种以家庭为中心的生计策略选择，反映了乡村社会中家庭责任与经济活动的紧密联系。其次，淡季低收入群体中有一定比例的人选择乡村旅游经营是因为旅游从业工作相对轻松(17.7%)，或是看好旅游业的发展前景(16.0%)。这表明，尽管收入不高，但作为一种生活方式的选择，旅游经营对追求生活质量和工作满意度的农户仍具有吸引力。此外，15.5%的低收入群体考虑到了利用家庭优越的地理位置，而9.9%受同村其他优秀从业者的带动和影响。这说明乡村旅游经营决策不仅受个人和家庭因素的影响，也受社区内部经验分享和成功典型的启发。然而，仅有9.4%的低收入群体认为旅游从业的收入稳定，这反映了旅游业季节性波动给经营户带来的经济压力。面对旅游淡季收入大幅下降的情况，如何通过多元化的生计策略增强家庭经济的抗风险能力，成为这些农户需要考虑的问题。因此，淡季低收入群体的存在和特征分析强调了乡村旅游经营者在生计策略选择时所面临的多重考量，包括家庭责任、生活质量、工作满意度及对未来发展的期待。这些因素共同作用于农户的生计策略选择，形成了乡村旅游地农户多样化的生计模式。

在乡村旅游地的淡季，低收入群体农户所采取的多元化生计策略，体现了农户在应对季节性旅游流波动时的适应性与灵活性。这些策略不仅揭示了农户在生计安全方面的自我调整能力，也映射出乡村旅游经济中并存的挑战与机遇。首先，即便在收入较低的淡季，仍有68.5%的农户选择持续经营旅游业务，反映了农户对旅游业长期发展的信心及对旅游经营的承诺。这种选择虽可能不会立即带来显著的经济收益，但从长期来看，有助于维持与游客的联系，为未来旺季的业务积累口碑和客户基础。同时，也显示了部分农户愿意承担淡季经营的固定成本，以期待旺季的高额回报。其次，51.4%的农户选择务工，45.9%选择务农作为生计的补充，表明了农户如何通过多样化的生计策略来增强家庭经济的韧性。这种策略不仅能在旅游收入减少时提供稳定的收入来源，还能有效利用家庭成员在淡季的空闲时间，最大化家庭的总体经济效益。此外，多元化的生计方式还可减少对单一收入来源的依赖，降低家庭经济受外部环境变化的风险。然而，这种生计策略的选择也暴露了乡村旅游业的不稳定性及其对农户生计安全的挑战。尽管旅游业为乡村地区带来了新的经济增长点，但其季节性波动要求农户必须具备灵活的生计策略来应对收入的不稳定性。

乡村旅游地的农户在应对淡季收入不稳定的挑战时，表现出了业态介入的多样化策略，在一定程度上反映了他们对生计策略的灵活调整与适应能力。流动性兜售旅游小纪念品因其低门槛和高流动性而成为最普遍的经营方式，占比22.7%。这种方式不需要固定的经营场所，对于初次尝试旅游业务的农户而言，是一种较为理想的选择。从事旅游交通服务（如撑竹筏）和小餐饮业务的农户占比18.2%，这类业务需一定的技能和地理优势，但同样具有较低的启动资本要求和较高的经营灵活性。民宿业务的农户占比相对较低，仅为8.8%，这可能与民宿业务所需的较高初始投资、复杂的经营管理，以及对客源稳定性的高要求有关。除此之外，票务服务、固定摊位土特产销售、旅游演艺群演、自行车租赁、导游服务、景区清洁、民族服饰租赁等业务展现了乡村旅游的多元化和细分化趋势。这些业态不仅丰富了乡村旅游的产品和服务，也为农户提供了更广泛的就业和创收机会。这种多元化的旅游业介入方式显示，农户在面对季节性旅游市场波动时，可根据个人条件、资源优势及市场需求，选择适宜的生计策略来适应和抵御旅游淡季的经济压力。同时，也要求农户具备市场敏感度和创新能力，以便在竞争激烈的旅游市场中找到自己的定位和优势。然而，生计策略的多样性也带来了挑战，如确保服务质量、提升业务能力、有效管理和规避经营风险等，这些均是农户在参与乡村旅游经营过程中需要考虑和解决的问题。

5.4.4.3 淡季中等收入群体特征分析

在乡村旅游经营中，淡季中等收入群体占据了较大比例，共计365户。这一群体的特征和动机揭示了乡村旅游经营者的多元化背景和复杂的决策因素，他们的从业动机主要反映出在选择生计策略时的多重考量。能够在家照顾家庭的便利性是最主要的考虑因素，占53.7%，这一点体现了乡村旅游经营活动的地理优势和时间灵活性，使经营者在履行家庭和社会责任的同时，能够参与到旅游业中。此外，32.1%的农户受村内其他成功经营者的启发和带动，这表明乡村旅游业的成功案例对激励其他农户参与旅游业具有显著影响。这种模仿效应不仅增强了农户对旅游经营的信心，也为他们提供了学习和合作的机会。对旅游行业前景的乐观评估和个人地理位置的优势，分别占26.6%和24.4%，进一步凸显了农户对旅游业发展潜力的认识以及地理位置在旅游业成功中的关键作用。这表明了在乡村旅游规划和发展中，地理位置和未来发展潜力的评估对吸引和鼓励农户参与旅游业的重要性。16.2%的经营者认为乡村旅游经营的收益相对稳定，且工作相对轻松。虽然这两个因素占比不高，但依然反映了一部分农户对旅游经营作为一种生计策略的积极评价。这种认知可能会促使更多农户将乡村旅游经营视为长期且稳定的生计选择。因此，淡季中等收入群体在选择乡村旅游经营作为生计策略时，考虑的因素包括家庭责任、行业前景、地理位置优势、行业成功案例的带动效应、收入稳定性和工作的轻松程度。这些因素共同作用于农户的决策过程，使他们能够根据个人和家庭的实际情况，选择最适合自己的生计策略。

淡季中等收入群体在乡村旅游经营中的参与主要通过农家乐餐饮和民宿业态，这两种业态构成了他们收入的主要来源。数据显示了一个显著现象：接近半数(49.6%)的经营者，将餐饮业作为其主营业务，而38.1%的经营者选择了民宿经营。这一趋势不仅反映了乡村旅游市场对餐饮和住宿服务的持续需求，也显示了农户根据旅游者需求和自身条件，倾向选择稳定且具有发展潜力的经营模式。此外，旅游交通服务和流动性销售旅游纪念品也吸引了一部分农户，分别占14.5%和12.6%。这些经营活动通常拥有较低的起始投资要求和灵活的工作时间，为那些可能缺乏资源开展大规模餐饮或民宿业务的农户提供了参与乡村旅游经济的途径。多样化的职业选择,如演艺表演、开设便利店、担任导游,以及成为景区固定员工或环卫工人,进一步展现了乡村旅游经营者的多元化生计策略。特别是景区固定员工或环卫工人等职位,因为其收入相对稳定且受季节性影响较小,对于追求收入稳定性的农户而言,这些职位成为吸引人的选择。这些数据揭示了淡季中等收入群体在乡村旅游经营中的多样化业态介入方式,体现了农户对市场需求的敏感性和对个人资源的合理配置。这种多元化的经营策略不仅为农户提供了适应市场变化的灵活性,也为乡村旅游经济的繁荣贡献了多样性。

淡季中等收入群体在乡村旅游经营中表现出了坚韧的生计策略,他们中的大多数人选择持续经营而非仅依赖于季节性的旅游高峰。这一比例高达83.8%,表明尽管面临淡季的挑战,绝大多数中等收入群体依然坚持与旅游相关的业务。这种持续经营的决策可能基于对乡村旅游市场长期趋势的信心,或是对自己生计能力和资源配置的自信。在生计策略的多样化选择上,这一群体展现了灵活性和适应性。31.8%的经营户选择务工来补贴家用,可能是因为淡季旅游相关收入减少,促使他们寻找其他收入来源以保持家庭经济的稳定。同时,41.1%的经营户选择务农作为补充生计策略,不仅反映了他们对传统农业活动的依赖,也可能是他们利用现有自然资本获取额外收入的方式。务工与务农的结合体现了农户在应对季节性波动时的策略多样性和生计的灵活性。需要注意的是,只有极少数经营户采用完全歇业作为应对季节性变化的策略。这一现象可能说明,即使在收入不稳定的旅游淡季,多数乡村旅游经营户也倾向通过调整经营策略或寻找其他收入渠道来缓解季节性波动的影响,而不是选择完全退出市场。这种适应性策略的采用,不仅有助于农户在淡季期间维持生计,也为乡村旅游经济的稳定性和持续性发展提供了支持。

5.4.4.4 淡季各收入群体生计效率特征分析

在乡村旅游的淡季经营环境中,农户家庭的收入水平与生计效率间存在密切的关联。本书采用 DEA 方法,将自然资本、物质资本、人力资本、社会资本和金融资本作为投入指标,家庭年收入作为产出指标,对559户经营户的生计效率进行了综合评估。研究结果揭示了不同收入水平群体间在生计效率上的显著差异(见图5-12和图5-13)。

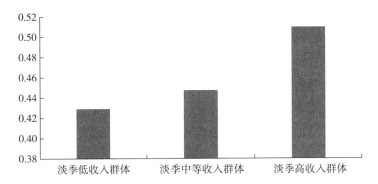

图 5-12 乡村旅游淡季不同收入群体综合技术效率(TE)分布

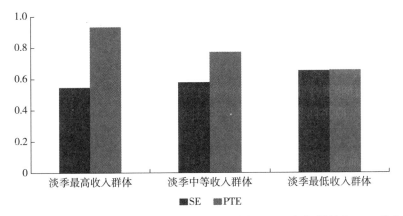

图 5-13 乡村旅游淡季不同收入群体纯技术效率(PTE)与规模效率(SE)分布

淡季最高收入群体在综合技术效率(0.51)和纯技术效率(0.932)上均表现优秀，远超中等和低收入群体，反映了该群体在资源投入和经营管理技术方面的优势。纯技术效率的高值表明，这些经营户在现有规模条件下，对资源的利用和管理已接近最优水平，这可能与他们在业态选择、市场定位、服务质量和创新管理等方面的优秀表现密切相关。从规模效率角度来看，淡季低收入群体的规模效率(0.653)相对较高，这表明尽管农户资源投入总量有限，但在规模配置上相对合理。这可能是因为这些经营户选择的生计策略更贴合其家庭生计资本的实际情况，或在小规模经营中找到了合适的市场定位。然而，中等和高收入群体的规模效率较低，说明这些经营户在规模扩张和资源配置上还有提升空间。这可能是由于在追求规模扩张的过程中，资源配置和管理尚未达到最高效率。这一发现指出，乡村旅游经营户在应对季节性波动时，除需关注生计资本的配置和策略选择外，还应优化经营规模和提高管理效率，尤其是在纯技术效率方面进行持续的优化和创新，以增强生计的可持续性及抵御季节性波动的能力。对规模效率较高的低收入群体，探索如何在维持规模效率的同时提升纯技术效率，从而提高整体生计效率，是他们面临的重要任务。

5.4.5 季节性高峰期(旺季)：不同收入水平下的乡村休闲旅游家庭型经营户特征

表5-9为不同生计策略家庭农户从事旅游业经营的旺季收入统计数据。

表5-9 不同生计策略家庭农户从事旅游业经营的旺季收入统计

项	生计策略				汇总
	主营务农	主营务工	各行兼营	主营旅游	
n	52	130	89	288	559
平均值	220.115	429.792	1139.596	2931.319	1812.098
标准差	370.429	1779.090	2097.960	8956.878	6640.891
平均值±标准差	220.115±370.429	429.792±1779.090	1139.596±2097.960	2931.319±8956.878	1812.098±6640.891
求和	11446.000	55873.000	101424.000	844220.000	1012963.000
最小值	22.000	10.000	60.000	57.000	10.000
最大值	2000.000	20000.000	12000.000	130000.000	130000.000
25分位数	80.750	79.250	100.000	206.250	100.000
中位数	100.000	125.000	325.000	950.000	300.000
75分位数	162.750	281.250	1000.000	3000.000	1500.000
90分位数	540.000	745.000	3000.000	7020.000	4200.000
95分位数	1210.000	1445.000	6500.000	10000.000	8000.000
99分位数	2000.000	14575.000	12000.000	28850.000	20000.000
标准误	51.369	156.037	222.383	527.789	280.880
均值95% CI(LL)	119.434	123.966	703.732	1896.872	1261.584
均值95% CI(UL)	320.797	735.618	1575.459	3965.767	2362.613
极差	1978.000	19990.000	11940.000	129943.000	129990.000

项	生计策略				汇总
	主营务农	主营务工	各行兼营	主营旅游	
四分位间距	82.000	202.000	900.000	2793.750	1400.000
方差	137217.477	3165161.267	4401437.880	80225654.964	44101431.619
峰度	13.544	115.870	11.217	147.258	259.934
偏度	3.620	10.507	3.200	11.072	14.445

5.4.5.1 旺季高收入群体(前25%)特征分析

在旅游旺季,乡村旅游经营户中的高收入群体呈现独有的特征和动机,这些特点凸显了他们在旅游业中取得成功的关键因素。这些农户家庭占据了旺季经营收入前25%的高位,对乡村旅游业的发展前景持乐观态度,并愿意为此做出较大的经营性投资以期获取更高的回报,其中52.0%的高收入群体表现出了这种意愿。此外,这些经营户所展现的学习精神和开放态度是他们在竞争激烈的旅游市场中获得优势的另一重要原因。38.0%的高收入群体积极向行业内的优秀经营者学习,不断吸取先进的经营知识和实践技能,不仅提升了他们自身的经营能力,也促进了整个乡村旅游业的发展和创新。考虑家庭需求和地理位置优势也是这些高收入经营户选择从事乡村旅游业的重要因素,分别占30.0%和27.3%。这表明,虽然经济利益是他们的主要目标,但家庭责任和地理优势的利用同样在他们的决策过程中占有重要地位。这种综合考量个人、家庭和环境等多方面因素的决策方式,反映了乡村旅游经营户在追求最优生计策略配置时的全面性。相对较少的经营户(10.7%)认为,旅游业是一个收入稳定的行业,这可能反映了旅游业虽能在旺季带来高收入,但季节性波动和市场不确定性也为经营者带来了挑战。因此,旺季高收入群体面临的一个关键问题是如何在淡季保持稳定的收入来源,并通过有效的生计策略规划来应对市场的不确定性。因此,旺季高收入群体的成功不仅源自对乡村旅游业发展前景的乐观态度和较大的经营性投入,更在于他们持续的学习和创新精神,以及对家庭和地理位置优势的综合利用。这一群体的特征和动机为我们提供了理解乡村旅游经营户如何在竞争中取得成功的重要视角。

在旅游旺季,乡村旅游经营户中的高收入群体有明显的经营倾向,即对重资产业态的集中投资和经营，尤其是民宿和餐饮服务的结合。调查显示，有76.7%的经营户参与民宿业务，82.7%的经营户提供餐饮服务，许多经营户同时涉足这两项服务。这一现象揭示了乡村旅游市场中一个重要趋势：在旺季，通过投资民宿和餐饮等资本密集型业态，经营户能够获得较高的收益。为了应对旺季游客需求的增加，经营户对业务运营模式进行了调整。具体而言，大部分经营户在旺季期间选择延长工作时间，并增加雇用人手，其中59.3%的经营户延长工作时间，52.0%的经营户增聘员工。这种策略不仅有效满足了游客激增的需求，确保了服务质量和效率，而且为经营户带来了更多的营业收入和利润。旅游旺季为乡村旅游经营户提供了宝贵的经营机会，特别是对那些能够提供住宿和餐饮服务的业态。因此，针对旺季市场的特点，强化这两种业态的服务对提升乡村旅游地的整体经营效率和收益至关重要。同时，经营户在旺季期间对工作时间和人力资源的有效管理，也是实现高效经营和利润最大化的关键。

5.4.5.2　旺季低收入群体(后25%)特征分析

在旅游旺季，低收入群体的乡村旅游经营者往往处于被动参与的状态，其主要动机是实现就地就业以便照顾家庭，这一点在旺季低收入群体中占据了68.1%的比例。此外，有20.1%的经营户认为旅游行业工作相对轻松，而18.8%的经营户看重旅游经营可作为一种稳定补贴家用的方式。这表明，对于旺季低收入群体而言，参与旅游经营更多的是出于对家庭责任的考虑，而非积极追求旅游业潜在的高收入。这一现象反映了一个关键的社会经济现实：对于一部分农户来说，乡村旅游经营并非一个主动选择的事业方向，而更多的是一种生计的补充和对社会责任的体现。通过参与旅游业，这些农户能够实现家庭生计的多样化，同时维持对家庭成员的照顾。对于农户而言，旅游业的季节性波动并不是主要的经济顾虑，而是一种提供灵活工作方式的机会，使他们能够在确保家庭稳定的基础上获得额外收入。因此，对于旺季低收入群体的乡村旅游经营户而言，旅游经营更多是一种生活方式的选择，而不仅是一项经济活动。这种选择背后体现了对家庭和社会责任的重视，以及对旅游经营灵活性和适应性的利用。

旺季低收入群体的参与方式揭示了乡村旅游经营的一个核心特征：以轻资产为主的多样化经营模式。这些经营户往往避免涉足资本和资源密集型的住宿和餐饮业态,转而选择那些启动门槛低、资本投入少、对地理位置依赖性弱的旅游相关活动。例如,经营户可能通过流动摊点销售旅游纪念品、提供旅游交通服务(如撑竹筏),或在旅游景区内承担环卫、绿化、门卫等辅助性工作。这些活动通常不需要高额的前期投资或复杂的技能培训,更多依赖个人时间和劳动力的投入。这种经营模式的显著特点在于其灵活性和适应性,使旺季低收入群体能根据旅游市场的季节性变化灵活调整工作时间和劳动力投入。例如,在旺季来临时,54.2%的经营户选择增加工作时间以满足旅游需求,但很少增聘人手。这种策略减少了人力成本,同时增强了个人劳动的灵活性。这一现象表明,尽管旺季低收入群体可能无法从旅游高峰期中获得巨大的经济收益,但他们通过灵活的经营策略和适应性强的工作模式,实现了对家庭生计的补充,并确保了生活的稳定性和家庭责任的履行。这种生计方式的选择不仅体现了个体对生计安全的追求,也展现了乡村旅游经营的多元化特征,以及在乡村旅游发展中对不同群体包容性的重要性。

5.4.5.3　旺季中等收入群体特征分析

旺季中等收入群体在乡村旅游经营中占据了重要地位,他们的特征和动机展现了乡村旅游业发展的一种平衡态势。这一群体在追求经济利益的同时,也兼顾家庭责任和社会关系的维护,体现了乡村旅游作为一种经济活动与农户家庭生活安排的紧密结合。旅游业提供的就近工作机会,使从业者能够在工作与家庭间找到平衡点。旺季中等收入群体的形成和发展,得益于周边乡村旅游经营精英的示范和带动作用。通过"学习与模仿"的过程,不仅促进了乡村旅游业的整体提升,也为中等收入群体提供了成功经营的参考和动力。他们通过观察学习并实践,逐渐形成了自己的经营特色和模式,这既是个体努力的结果,也是乡村旅游社区协作和信息共享环境的体现。此外,家庭所在区域的地理位置优越性,以及对旅游行业前景的乐观预期,都是这一群体选择旅游经营作为主要生计策略的重要因素。旅游相关工作的相对轻松性和易于胜任性,也吸引了更多需要兼顾家庭照顾责任的家庭成员投入旅游业中。因此,旺季中等收入群体的存在和特点,不仅展现了乡村旅游经营的多元性和包容性,也反映了乡村旅游发展对促进就业、增加收入、改善生活和维护社区稳定的重要作用。这一群体的成功经验为乡村旅游的可持续发展提供了宝贵的参考，强调了在发展乡村旅游业时需要考虑个体、家庭和社会多方面的需求和潜力。

旺季中等收入群体在乡村旅游业态的参与上表现出多样化和均衡性，反映了乡村旅游经营为当地居民提供了宽泛的就业和创收机会。业态的多样化不仅丰富了乡村旅游的产品和服务，也使不同能力和资源的家庭能够找到适合自己的经营模式。以餐饮业作为乡村旅游的重要组成部分，吸引了37.0%的家庭参与。这可能是因为食物是游客体验当地文化的重要途径，易于被当地居民采纳。旅游交通、纪念品和土特产销售也是重要的经营活动，通常需较小的初始投资，并能直接适应旅游市场的需求变化。民宿业务吸引了16.2%的家庭参与，这表明一部分家庭认识到提供住宿服务的市场潜力，并愿意利用自家资源吸引游客。便利店、固定摊点及景区内工作等业态提供了其他多样化的收入来源，尤其对于地理位置优越、能够直接服务游客的家庭而言，这些业态往往能带来稳定的收入。旺季中等收入群体通过延长工作时间来应对需求的激增，这一策略体现了他们对市场需求的敏感度和对增加收入的积极追求。这不仅最大化利用了旺季的商机，也展现了中等收入群体在生计策略选择上的灵活性和适应性。因此，旺季中等收入群体通过多元化的业态参与和策略调整，有效应对了旅游市场的季节性波动，为乡村旅游的可持续发展提供了支撑。

5.4.5.4 旺季各收入群体生计效率特征分析

在探究乡村旅游经营户的季节性收入与生计效率关系的研究中，观察到一个明显的倒"U"形分布(见图5-14)。

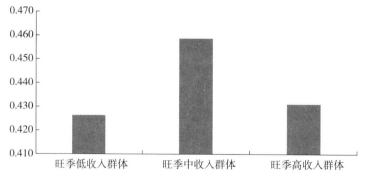

图5-14 乡村休闲旅游旺季不同收入群体综合技术效率(TE)分布

旺季中等收入群体的综合技术效率最高，达 0.459，表明该群体在资源配置和生计策略上实现了最优平衡。相较下，旺季高收入群体的综合技术效率为 0.431，而旺季低收入群体的综合技术效率最低，为 0.426，揭示了不同收入水平群体在生计效率上的显著差异。旺季中等收入群体之所以能够达到最高的综合技术效率，是因为他们成功利用现有技术并实现了规模经济效益。这一群体通过精细化的经营策略和合理的资源配置，优化了生计资本的利用，从而实现了较高的经济收益和生计效率。如图 5-15 所示，旺季高收入群体虽然在纯技术效率方面表现出色，达 0.843，但其规模效率较低，为 0.511。

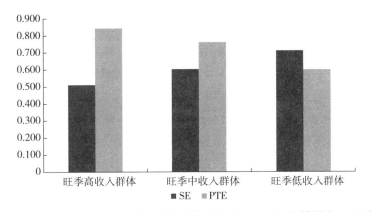

图 5-15　乡村旅游淡季不同收入群体纯技术效率（PTE）与规模效率（SE）分布

这表明，尽管他们在服务质量和经营创新上具有显著优势，但在扩大经营规模和优化资源配置方面存在不足，限制了他们生计效率的进一步提升。旺季低收入群体的综合技术效率低于平均水平（0.426），纯技术效率（0.600）和规模效率（0.711）的组成部分也显示出他们在技术应用和经营管理上的不足。这些劣势直接影响了他们的经济效益。然而，通过采取规模扩张等策略，在一定程度上弥补了技术效率的不足。这些发现强调了乡村旅游经营户在不同收入水平上采取的生计策略和资源配置的重要性，以及它们对生计效率的影响。

5.4.6　季节性与乡村旅游地农户生计策略关系矩阵

以收入为横坐标（分为低收入、中等收入和高收入三级），以季节性为

纵坐标(分为淡季与旺季两级),并基于调查数据分类均值,形成季节性与
乡村旅游生计策略关系矩阵(见图5-16)。该矩阵归纳了乡村旅游不同季
节性时期的生计产出水平与对应的生计策略与条件,也反映了乡村旅游生
计产出水平与生计资本及相关投入条件、经营户的发展定位的关联性。总
的来说,淡季的乡村旅游经营户能获得较高收入,一般源于较大规模的餐
饮、民宿业态经营。其中,相当一部分源于外来资本经营户,且具备较好
的经营地理位置。淡季的乡村旅游经营户中的低收入群体,主要是以离家
近能照顾家庭为主要从业动机。旺季高收入乡村旅游经营户的参与旅游方
式的重要特征是偏重资产业态,即民宿+餐饮。他们看好乡村旅游业发展
前景,愿意进行较大投入并全力经营,是旺季高收入群体从事旅游业的主
要动机。旺季低收入群体除了基本不从事住宿和餐饮,其他乡村旅游业态
还较为分散。

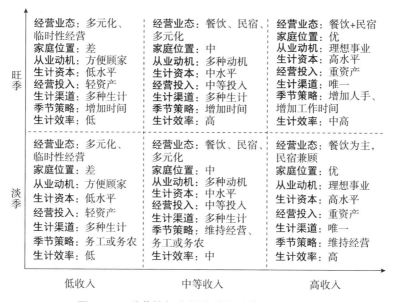

图5-16 季节性与乡村旅游生计策略关系矩阵

6

旅游流影响下的民生优化策略

近年来，在旅游流推动下，广西旅游市场实现快速增长，旅游发展实力稳步提升。旅游业已深度融入广西经济社会发展全局，成为区域国民经济的战略性支柱产业。值得特别关注的是，旅游业始终将民生作为导向，在发展规划、战略决策和实践执行中均给予民生以高度重视。尽管广西旅游业取得跨越式发展，但如前文所述，旅游与民生在耦合协调度方面存在一定的两极分化现象。旅游民生效率的区域分布不均衡，乡村旅游地的旅游主导型农户虽然生计效率良好，但整体排名居中，这表明民生改善效果在多个层面上仍有提升空间。鉴于此，本书从宏观和微观两个视角出发，提出推动旅游目的地民生优化策略。这些策略旨在通过优化旅游流，促进民生全面提升，解决旅游发展与民生改善之间存在的不均衡问题，以实现旅游业与区域经济社会发展的和谐共进。

6.1 以旅游流推动民生综合发展的区域宏观策略

从宏观层面来看，推动旅游流以促进当地旅游业发展，不仅是经济行为，还具有深远的民生属性。旅游业本质上是一种能够显著提升民众幸福感的产业。关键在于如何使更广泛的民众群体共享旅游发展的成果，提高人民群众的幸福指数，增强民众的获得感。这涉及充分发挥旅游业在保障民生和维护社会稳定方面的重要作用，是站在民生视角下旅游业发展必须深入考虑的问题。具体而言，可以从以下几个层面着手，提高旅游业对民生改善的贡献。

6.1.1 大力发展全域旅游，提升民众生活环境

旅游业的发展已被广泛认可为促进地方经济增长、增加就业机会、提升居民生活质量的有效途径。全域旅游的概念进一步扩展了这一理念，它将一个地区整体视为旅游目的地，以旅游业为主导产业，通过综合规划和布局，优化公共服务，推动产业融合，加强系统管理，实施整合营销，实现旅游业的集约化、高端化和现代化。这种发展模式不仅能使旅游地居民共享旅游业发展的红利，提高他们的幸福感和获得感，还能通过全要素建设，实现旅游景观生态全域覆盖，改善居民的生活环境。全域旅游作为改善民生的关键手段，通过营造优质的旅游环境，不仅能增进人民福祉，提高生活质量，还能满足人们对美好生活的追求。以广西为例，该地区在全域旅游的发展上进行积极探索和实践，如创建全域旅游示范区和旅游特色名县，通过"双创双促"策略，共同推动县域旅游经济的发展，形成具有广西特色的全域旅游发展模式。这一转变从传统的"景点旅游"向"全域旅游"发展，确保旅游发展成果的全民共享。未来，广西全域旅游的高质量发展可从以下几个方面着手：

6.1.1.1 强力推进全域旅游示范市(区)创建，全面提升全域旅游发展水平

为有效推动广西全域旅游示范市(区)的创建，首先，必须优化顶层设计并精心编制全域旅游发展的整体规划。这一规划不仅要追求高质量和高标准，还要紧密结合地方实际情况，持续创新规划体系。全域旅游的发展理念应贯穿规划编制的全过程，同时，要重视规划与地区其他相关规划的整合，确保政策的连贯性和有效性。此外，规划的法律效力需要通过严格审批和实施过程加以强化，建立规划评估和督导制度，保证规划得到有效实施。其次，创新体制机制对于全域旅游示范市(区)的创建工作至关重要。这包括改革全域旅游的组织领导机制，推动政府部门之间的协同工作并鼓励全社会参与全域旅游的推进。建立一个全域旅游工作的综合管理机构，整合涉及全域旅游创建的相关部门职责，提升旅游行政管理部门在示范市(区)创建工作中的统筹能力，是推进工作顺利进行的关键。再次，政策支持与创新是推进全域旅游示范市(区)创建的动力。加强对广西"双创

双促"工作的支持，科学制定并不断更新激励政策，既能激发各单位各部门的积极性，也能确保广西全域旅游发展的连贯性和持续性。此外，加大财政支持力度，落实专项资金，并引导其他资金投入全域旅游发展，对示范市(区)的创建同样至关重要。最后，强化考核评价机制是确保全域旅游示范市(区)创建工作有序推进的重要保障。将创建工作纳入地区高质量发展及领导绩效考核体系，通过绩效考核激励创建工作的有效实施。此外，应将创建任务阶段化、目标化和责任化，制定明确的时间表、标准和措施，并建立奖惩制度，鼓励地区之间的健康竞争。通过这些措施，最终实现全域旅游示范市(区)的成功创建，为广西乃至全国的全域旅游发展提供有益的经验和模式。

6.1.1.2 以全域旅游要素观，提升旅游公共服务水平

在全域旅游发展的背景下，实现民生服务的全面提升，要求我们采用全面的视角和全要素的理念来谋划和推进。这不仅关乎满足游客的需求，更关键的是充分考虑和改善当地居民的生活质量，以实现旅游发展与民生改善的双赢局面。在"吃"的方面，提升餐饮服务质量和食品安全，发展具有地方特色的餐饮文化，对提升旅游体验至关重要。这不仅能吸引游客，还能为当地居民创造就业机会，提高他们的收入水平。在"住"的方面，提升住宿服务质量，发展多样化的住宿形态，既能吸引游客，也能带动当地住宿业的发展，改善居民的居住环境，提高居住品质。在"行"的方面，建设完善的交通网络和公共交通体系，是提升旅游体验并促进地方经济发展的重要基础。便捷的交通网络也能极大改善居民的出行条件，提高生活便利性。在"游"的方面，通过打造多样化的旅游产品和服务，不仅能吸引游客，还能提升当地居民的生活质量，让他们享受到更丰富的休闲娱乐生活。在"娱"的方面，投入发展旅游娱乐项目、文化活动等，不仅能丰富游客的旅游体验，还能为当地居民提供更多的休闲娱乐选择，增强社区活力。在"购"的方面，发展旅游商品和服务，不仅能提高游客的满意度，还能为当地居民创造更多的就业和创业机会，促进当地经济的发展。因此，全域旅游的发展需要以全要素、全方位的视角来规划和实施。通过提升旅游公共服务水平和旅游业配套设施，不仅能吸引更多游客，提升旅游体验，还能有效改善当地居民的居住环境和生活质量，实现旅游发展与民生

改善的双重目标。

在全域旅游发展的过程中，提升旅游公共服务水平是一项关键任务，特别是在旅游交通服务体系建设和智慧旅游建设方面，这些需求在广西显得尤为迫切。这两方面的发展不仅能有效促进旅游业的繁荣，还能显著改善当地居民的生活质量和提升旅游体验。首先，构建一个畅通便捷的旅游交通服务体系是提升旅游公共服务水平的基础。广西应充分利用其地理优势和西部陆海新通道的战略机遇，将交通规划与旅游发展规划高度整合，实现统筹规划。具体措施包括积极推动航空、高铁、高速公路以及乡村道路的建设和优化，确保这些交通方式能高效一体化衔接。特别关注县城与主要旅游景点及乡村旅游地之间的交通连通性，通过道路改造和增加旅游班车等措施，解决"最后一公里"的交通问题。同时，加强旅游交通干线沿线的基础设施建设，如绿道系统、骑行专线等，这不仅能促进旅游业的发展，还能提高当地居民的生活品质。其次，推进智慧旅游建设是提升旅游公共服务水平的关键。广西应借助互联网、大数据、5G 等新技术，建立综合性的智慧旅游服务平台，实现旅游信息的推送、共享与实时更新，提升旅游体验数字化和智能化水平。智慧景区的建设，如门票预约、数字导览等，不仅能提高旅游管理的效率，还能为游客提供更加个性化与更加便捷的旅游服务。同时，开发线上旅游产品，利用数字技术提供沉浸式的旅游体验，将成为吸引更多游客的新亮点。因此，通过加快构建畅通便捷的旅游交通服务体系和不断推进智慧旅游建设，广西可以在提升全域旅游公共服务水平的同时，更好地促进地方经济发展，提高民众的生活质量。这不仅需要政府的积极推动和政策支持，还需要社会各界的共同参与和努力，以确保全域旅游发展成果能惠及更广泛的群体。

6.1.1.3 全力推进"旅游厕所革命"

在全域旅游的快速发展中，提升旅游公共服务质量，尤其是旅游厕所的建设与改造，已成为增强旅游目的地吸引力和竞争力的关键因素。广西凭借其丰富的旅游资源，在推进全域旅游的同时，迫切需要将旅游厕所建设与改造纳入议程。这不仅是提升旅游业质量的内在需求，还是改善和提升当地居民生活环境的重要举措。首先，旅游厕所的改造应与全域旅游示范区、文明城市建设、美丽乡村和卫生城市的创建紧密结合，形成一个系

统性的改革方案。这要求从顶层设计出发，制定全面、科学、实用的厕所
建设与改造规划，明确改造目标、标准、时间表和责任分工，确保工作有
序推进。对于城市旅游厕所，特别是在人流密集的车站、机场、公园、文
体场馆和餐饮场所，应重点进行改造，以满足功能性需求，同时与周围环
境和谐统一。在旅游交通沿线，尤其是高速公路和旅游干线，规划建设高
标准、高质量的旅游厕所，为游客提供舒适便捷的服务。在旅游景区内，
厕所的外观设计应与景区环境协调，合理规划空间分布，适应客流量。在
大型活动和旅游高峰期间，增设移动厕所以缓解拥堵。同时，加强乡村旅
游地厕所改造，利用美丽乡村建设和农村厕所无害化改造的契机，通过奖
励和补贴激励农户参与改造。此外，完善旅游服务配套设施，如停车场和
旅游标识，对提升旅游目的地服务水平、提高游客满意度及服务当地居民
至关重要。加强城市公园、文体场馆、旅游景点、乡村旅游区、机场和车
站的停车场建设，确保数量和规模满足需求，同时注重生态保护。完善旅
游标识系统，既满足导览需求，又展现地方文化特色。因此，广西在推进
全域旅游发展中，应将旅游厕所建设与改造作为提升公共服务质量的重要
内容。通过科学规划、体制机制创新、政策支持和强化执行力，全面提升
旅游厕所建设与改造水平，促进旅游业的可持续发展，同时改善居民生活
环境，实现旅游发展与民生改善的双赢。

6.1.2 夯实社会经济基础，提升本地休闲旅游业的内循环消费能力

在当前后疫情的背景下，中国旅游业经历了深刻变革。出境旅行消费
的急剧减少导致旅游消费重心向国内转移，呈现明显的下沉趋势，标志着
我国旅游消费正式步入"内循环"模式。作为五大幸福产业的领头羊，旅游
业在促进消费方面发挥着不可替代的作用。在国家积极构建以国内大循环
为主体、国内国际双循环相互促进的新发展格局中，旅游经济的内循环展
现出巨大发展潜力。在此宏观趋势推动下，广西应积极把握机遇，通过提
升本地旅游业的内循环能力，推动区域旅游业的高质量发展，进一步发挥
旅游业在改善民生、促进社会和谐中的重要作用。

6.1.2.1 因地制宜发展多种特色产业，筑牢旅游消费内循环基础

为了在全域旅游发展中构建坚实的旅游消费内循环基础，必须因地制

宜，充分利用区域特色和资源优势，发展多样化特色产业。通过这种方式不仅能促进地区经济的多元化发展，增强区域的综合竞争力，还能为旅游业提供丰富的产品和服务，进而推动旅游消费和经济的良性循环。广西作为一个资源丰富、特色鲜明的地区，应当立足于自身的资源禀赋和产业基础，构筑一个覆盖现代农业、工业、服务业及新兴产业的全方位产业体系。以产业链的完善和优化为核心，推动经济和旅游业的高质量发展。首先，广西需要加强对现有优势产业的深度开发与综合水平提升，如制糖、机械、有色金属、茧丝绸等。通过延伸和补齐产业链，提升产业的综合竞争力和附加值。同时，广西还应积极探索和培育战略性新兴产业与未来产业，如新一代信息技术、新能源智能汽车、生物医药等。这些产业不仅能推动经济结构的升级转型，还能为旅游业提供技术支撑和新的发展动能。其次，通过实施先进制造业集群培育工程和服务业提升工程，广西可以构建起具有地区特色和竞争优势的产业集群，促进产业融合发展，提高产业整体效益。产业园区的高质量发展，不仅能吸引投资和人才，还能为旅游业带来新的增长点。同时，广西还需利用工业化理念推动现代农业发展，重点发展现代特色农业。通过科技创新、组织优化和市场营销等多方面努力，提高农产品的加工转化能力，促进特色农业向规模化、优质化、品牌化方向发展。这不仅能提升农业产值，还能丰富旅游产品和体验，促进农旅融合发展。因此，广西在全域旅游发展过程中，需要紧密结合区域实际和资源优势，发展多元化的特色产业。以产业发展为支撑，促进旅游消费内循环的经济基础，实现旅游业与区域经济的互促共进，共同推动区域社会经济的高质量发展。

在促进产业多元化发展与全域旅游深度融合的进程中，我们必须综合考量以下关键要素以确保经济的可持续增长：首先，制度供给与政策扶持是基础。地方政府应依据本地区的经济状况与资源特点，精准定位发展策略，并提供针对性政策支持。这不仅包括财政资助、税收减免、产业链整合和技术创新激励等措施，更旨在构建一个全面的政策框架，为产业的稳健发展提供坚实的支撑。其次，产业投入与资金支持至关重要。政府需积极作为，探索财政与金融的融合途径，提高财政资金的使用效率，并引导金融机构向产业发展注入资金。特别那些具有潜力的特色产业、战略性新兴产业以及创新型企业，应提供充足资金支持，以降低其成长过程中的风险。再次，科技服务与人才支撑是产业发展的核心竞争力。必须加大对科技创新项目的投资力度，推动产业升级与转型。同时，重视人才培养与引进，通过技术培训、专业研讨等手段，提升产业工作者的专业技能与知识水平，以满足产业发展的人才需求。最后，龙头企业的培育与引领作用不容忽视。通过实施领军企业培养计划，吸引并培养一批具有强大市场引领力的企业，以龙头企业为引擎，带动整个产业链协同发展，实现产业集群效应，加速产业规模化与品牌化的步伐。此外，营商环境与市场活力优化同样关键。以国际化视野改善营商环境，深化"放管服"改革，构建一个开放、公平、有序的市场环境，为各类市场主体提供优越的投资与经营条件，充分激发市场的内在活力与创新潜力。通过这些综合措施的实施，我们不仅能够推动产业的多元化发展，还能为全域旅游注入更加丰富多元的内容和更高质量的服务，进一步促进旅游业与地方经济的深度融合，为经济社会的持续健康发展注入新动力。

6.1.2.2 拓宽旅游客源市场，激发消费市场活力

为提升广西休闲旅游业的内循环消费能力，实现旅游消费的扩容和质量提升，释放旅游消费潜力是关键。这不仅能促进国内旅游市场的复苏，还能显著增强当地居民的幸福感、获得感和满足感，进而推动社会经济的全面发展。首先，加强区域合作至关重要。旅游行政部门、旅游协会和旅游经营者应紧密合作，共同开发旅游资源。通过目的地互推和客源互送活动，不仅能加强市场监管和品牌建设，还能促进区域内外旅游资源的共享与协同发展。这种策略有助于实现旅游资源的优化配置，促进景区间客源的有效循环，实现区域旅游的协同发展。其次，丰富旅游产品和服务是提升旅游体验的关键。通过系统规划和开发一系列文化旅游精品线路及特色产品，不仅能提升旅游体验质量，还能充分发掘当地的文化和自然资源，增强旅游产品的吸引力。此外，组织旅游消费季、消费月等各类促销活动，如"百趟专列进广西""广西人游广西"等，能有效提振旅游消费热情，增加旅游消费选择。再次，培育新的旅游消费市场是拓展旅游市场的重要途径。针对不同客源市场，制定有针对性的营销策略，利用互联网和社交媒体平台，推广自助游、自驾游、家庭游等新型旅游方式，鼓励居民探索

更多元化的旅游体验。通过举办赏花节、民族节庆、骑行等具有地方特色的旅游活动，增加旅游产品的多样性和吸引力。最后，提升旅游服务质量是确保游客满意度的基础。通过不断优化旅游服务设施和提升服务标准，包括改善旅游交通、住宿、餐饮等基础设施，确保游客获得满意的旅游体验。同时，加大对旅游从业人员的培训力度，提高其专业技能和服务水平，以提升整体旅游服务品质。

在充分激发旅游消费市场活力，提升广西休闲旅游业内循环的消费能力方面，可采取以下措施：

(1)旅游景区及相关旅游服务机构可采取一系列旅游消费惠民措施

一是门票优惠策略的灵活运用，旅游景区应根据季节变化和游客流量，实施门票减免或打折政策，尤其是在淡季期间，可以推出免费或低价游览活动，吸引更多游客。此外，针对特定群体如学生、老年人等，提供额外的门票优惠，以此扩大游客群体，提升游客量。二是发放电子消费券，结合当地旅游资源和消费习惯，发放面向旅游景区、度假区、乡村旅游区、酒店及体育场馆等的电子消费券。这些消费券可用于门票购买、住宿、餐饮消费等，既能刺激当地消费，又能提高游客的满意度和忠诚度。三是合作发行联名银行卡，与金融机构合作，发行文化和旅游消费联名银行卡，为卡用户提供特殊权益，如门票折扣、消费积分、分期付款等。这不仅能增加旅游消费的便利性，还能通过积分回馈等激励措施，增加用户对旅游消费的兴趣。四是推出"消费惠民大礼包"，整合旅游、文化、体育等多领域资源，推出综合性的"消费惠民大礼包"，包含门票优惠、住宿折扣、特色餐饮体验等多种消费优惠，以此吸引游客，促进消费。五是加强宣传推广，通过线上线下渠道加大对旅游消费优惠政策的宣传力度，利用社交媒体、旅游平台、官方网站等多种渠道，向潜在游客广泛传播优惠信息，提高优惠政策的知晓率和参与率。

(2)在提高旅游消费便捷程度方面开展相关措施

一是深度推广移动支付，在广西尤其是旅游景区内推行移动支付便民示范工程，普及并推广使用互联网新兴的便捷支付方式，如刷脸支付、移动支付等，确保游客在旅游地使用银行卡、手机等支付工具时的便捷性。这将极大提升游客的支付体验，促进旅游消费的增长。二是提升通信网络水平，加强移动通信网络的覆盖，尤其是在旅游消费场所和主要旅游路线上，优化5G网络的部署。通过提高网络覆盖水平和网络速度，为游客提供更便捷的信息查询、在线支付等服务，进一步促进旅游消费的数字化转型。三是构建智慧旅游平台，建立智慧旅游平台，推出在线旅游产品超市，实现游客需求与产品供给的精准对接。通过平台提供一站式服务，从线路规划、门票预订、住宿安排到消费支付等，全方位满足游客的个性化需求。四是深度普及互联网售票与二维码验票，在旅游景区、文化体育场馆、科技展馆等场所普及互联网售票和二维码验票系统，提升门票购买和验票的效率，减少游客排队等候的时间，提供更加便捷的旅游体验。五是改善演出场所和博物馆设施，对传统的演出场所、博物馆等进行现代化改造，增设配套的餐饮区、观众休息区、文创产品展售区等，营造更优质、更舒适的旅游消费环境，满足游客多元化的消费需求。

(3)深入推进文化和旅游消费试点的相关举措

　　一是积极申报试点城市，鼓励和支持更多地区积极参与到国家文化和旅游消费试点城市的申报中，通过政府引导和政策支持，提升地方政府和相关部门对申报工作的重视程度和执行力度。通过成功申报，可以获得更多政策支持和资源倾斜，为地方文化和旅游业发展提供更广阔的舞台。二是打造示范城市，将已经成为国家文化和旅游消费试点的南宁、桂林两市作为重点，致力于将其打造成国家文化和旅游消费示范城市。通过整合城市文化资源，创新文旅产品和服务，加大对文化和旅游融合发展项目的投入，提升城市旅游消费环境和服务质量，增强城市文化旅游品牌的影响力和吸引力。三是完善配套设施和服务，对于试点城市和未来的示范城市，重点要完善其文化和旅游配套设施及服务体系，如加强文化场馆、旅游景区、休闲娱乐等设施建设，优化旅游服务标准和质量，创新文旅产品和服务模式，提供多元化、高品质的文旅体验。四是强化营销推广，利用国家文化和旅游消费试点城市及示范城市的品牌效应，加强对外宣传和市场营销，通过线上线下渠道全方位、多角度展示城市的文化魅力和旅游资源，吸引更多国内外游客。

(4)加强旅游消费的舆论宣传引导的相关举措

　　一是应全面动员和利用媒体资源，应充分利用各类新闻媒体资源，包括传统的电视、广播、报纸、杂志，以及现代的网络平台、社交媒体、博客和微博等，形成全方位、多层次、宽领域的舆论宣传体系。通过这些渠道，积极宣传旅游消费对促进地方经济发展、提升居民生活质量的积极作用，增强公众对旅游消费的认识和兴趣。二是推介旅游消费热点和亮点，各级旅游管理部门应与媒体紧密合作，定期组织旅游消费推介活动，通过举办新闻发布会、媒体考察团等形式，向公众推介旅游消费的新热点、新产品和新体验。同时，应充分展示广西丰富多样的旅游资源和文化特色，塑造并推广广西旅游的品牌形象。三是创新宣传方式和手段，在旅游消费宣传过程中，应不断探索和运用新技术、新媒体、新手段，如利用虚拟现实、增强现实技术制作旅游景点的虚拟游览、使用大数据分析来精准推送旅游信息、开展网红直播带货等新模式，吸引更多年轻消费者的注意力和兴趣。四是营造积极的旅游消费舆论氛围，通过媒体和公众平台，积极报道旅游消费的成功案例、旅游节庆活动的盛况、旅游经济的贡献等，营造积极向上的旅游消费舆论环境。同时，应及时回应和处理旅游消费过程中出现的问题和投诉，维护旅游消费的良好形象。

(5) 全面推进假日制度落实

一是推广带薪休假制度，政府部门应加大对带薪休假政策的宣传力度，鼓励和引导企业实施带薪休假制度。通过制定相关政策措施，促进企业认识到带薪休假对提高员工满意度和工作效率的积极作用，鼓励企业为员工提供更加灵活多样的休假方案。二是实行职工分段休假制度，鼓励企业采取分段休假方式，错开高峰期，分散旅游人流。这不仅可以减轻旅游景区的压力，提高旅游体验质量，还可以有效避免旅游高峰期间的交通拥堵和环境污染问题。三是促进企业开展员工旅游福利，政府可以通过税收优惠、补贴等政策鼓励企业为员工提供旅游福利。同时，鼓励企业与旅游服务提供商合作，为员工提供定制化的旅游服务和优惠套餐，增加员工对旅游休假的参与度和满意度。四是合理安排工作和休息时间，推动企事业单位在夏季和其他节假日期间合理安排工作时间，如实施弹性工作制、提倡周五下午提前下班等，为职工提供更多的休闲旅游时间。这不仅能增加员工的休息和娱乐时间，还能促进旅游消费的增长。五是建立多方合作机制，政府、企业和旅游服务提供商之间建立合作机制，共同开发适合职工旅游的产品和服务。例如，政府可以牵头组织"企业员工旅游节"等活动，提供旅游路线推荐、旅游服务优惠等，吸引更多职工参与。

6.1.3 创新旅游新业态，提供高质量的旅游就业机会

旅游业作为劳动密集型产业，具有显著的就业带动效应，在吸纳就业方面的主要特点如下：首先，旅游业能够提供大量的就业岗位。由于其对劳动者数量的需求较大，且对技能要求相对不高，旅游业有效解决了众多低技能劳动者的就业问题。其次，旅游业的发展不断催生新职业。随着"文旅+"和"+文旅"模式的创新融合，旅游业不断涌现新的职业机会，为劳动者开辟了更广阔的就业空间。最后，旅游业的就业方式较为灵活。由于旅游需求的季节性波动，旅游业中的某些岗位具有较高弹性，同时，旅游业的发展也为劳动者提供更多自主经营的机会，使他们能够以更灵活的方式实现就业。此外，女性在旅游业中的就业比例较高。旅游业的服务业特性使女性劳动者在从业人员中占据了较大比重，这有助于缓解女性就业困境。为充分发挥旅游业的就业带动作用，需要不断创新旅游业态，促进旅游业多元化发展。同时，推动旅游业向高品质转型，为当地居民创造更多优质就业机会。通过这些措施，旅游业不仅能为劳动者提供就业机会，还能促进社会经济的全面发展。

6.1.3.1 创新思维，培育旅游业新业态

为推动广西旅游业的跨越式发展，必须不断开发新兴旅游产品，培育新的旅游业态，并形成新的旅游消费热点。这有助于构建旅游业的新集群，更好地发挥旅游业在提升民生福祉方面的作用。具体而言，广西应充分利用其丰富的文化和自然资源，积极开发多样化新型旅游产品。这些产品包括研学旅游、户外探险、低空旅游、高铁旅游及非物质文化遗产旅游等。通过创新思维和跨界合作，可以形成旅游业新热点，促进产业集群发展，实现旅游业的跨越式发展。在研学旅游方面，广西可以利用其爱国主义教育基地、自然地质公园、知名学校和科研机构等资源，设计并打造有特色的研学旅游产品。通过建设大型研学旅游目的地，为青少年提供富有教育意义且娱乐性强的旅行体验。户外探险体育旅游产品也是广西旅游业发展的重要方向。依托广西的山地、森林、海洋和河流等自然景观资源，

可以开发越野、探洞、潜水等户外探险活动，满足不同游客的探险需求，同时推动高端户外旅游市场的发展。低空旅游业的发展同样不容忽视。结合广西的通用航空机场资源，可以开发低空飞行观光、体验和交通等多元化旅游产品，为游客提供独特的空中旅游体验。高铁旅游也是一个有潜力的领域。利用广西内外高速铁路网络，整合沿线旅游资源，并加强与周边区域协作，可以推出高铁旅游线路，促进区域旅游一体化发展。最后，非物质文化遗产旅游是传承和弘扬民族文化的重要途径。通过将非遗元素与旅游产品开发相结合，可以开发非遗主题旅游项目和体验路线，丰富旅游产品的内涵，同时为游客提供深入了解和体验当地文化的机会。

6.1.3.2　促进"文旅+""+文旅"产业融合，挖掘旅游业新亮点

深化"文旅+"产业融合策略，是推动广西旅游业发展的关键。通过促进文化旅游与农业、林业、水利、工业、康养、医疗、商务会展和体育等产业的深度整合，可充分利用广西的自然和文化资源，开发具有地方特色的新型旅游产品和服务。这不仅能打造出旅游发展的新亮点和增长点，还能为地区经济注入新活力。在乡村旅游和休闲农业领域，广西应充分利用其独特的乡村文化和农业资源，发展高品质的旅游项目。通过建设田园综合体、推广农产品品牌，并创新农旅结合模式，可丰富乡村旅游的内涵和体验，提升其吸引力。森林旅游和森林康养产业也是广西旅游发展的重要方向。依托广西优越的气候条件和丰富的森林资源，可以推出森林探险、森林体育、森林疗养等特色旅游产品，将广西打造成为国内外知名的森林旅游目的地。水域旅游同样具有巨大潜力。结合广西的海洋、河流、湖泊和湿地资源，可以开发水上休闲运动、水域观光、水利工程体验等多样化旅游产品，提升水域旅游的吸引力和参与度。体育旅游也是广西旅游业发展的一个亮点。利用广西的山水美景和良好气候，可以发展体育旅游，举办国际化的体育赛事，建设体育旅游基地和综合体，开发特色体育旅游产品，吸引更多体育爱好者和游客。此外，工业旅游和会展商务旅游也是值得关注的领域。利用广西的工业遗址和大型企业，可以打造工业旅游示范点和品牌化产品。同时，推进旅游与会展商务的深度融合，依托重点城市和边境口岸城市的资源优势，开发会展商务旅游产品，拓宽旅游市场。

6.1.3.3 优化完善旅游产品体系，打造精品旅游项目

为确保旅游业能提供更多高质量的就业机会，广西不仅需要创新旅游业态，更应致力于提升现有旅游产品体系的品质。通过提供高质量的旅游产品，可有效促进地区旅游业的整体提质增效。首先，广西应专注乡村旅游产品的品质提升和体验深化。通过开发具有地方特色的田园度假、乡村研学、乡村节事和农事体验产品，加强乡村旅游发展带的建设，促进乡村之间互动合作，从而提高乡村旅游的吸引力和竞争力。其次，广西拥有丰富红色旅游资源，应深入挖掘并充分利用这些资源。围绕革命历史教育、爱国主义教育、改革开放和中越友好等主题，开发高品质红色旅游产品和线路。通过资源整合和地区协作，打造区域性红色旅游品牌，增强红色旅游的教育意义和吸引力。再次，广西多元的民族文化资源是其独特优势。应深度开发壮、侗、瑶、苗、京、仫佬等民族旅游产品，包括民俗体验、文化研学和节庆活动等。构建具有强烈地方特色和文化吸引力的民族旅游品牌，增强旅游产品的多样性和竞争力。最后，借助"一带一路"倡议，加强与泛北部湾国家的旅游合作，共同开发边境跨国旅游产品。包括跨国风情、边境贸易、红色记忆等主题的旅游线路，通过跨境合作区和跨国旅游线路的建设，打造新的跨国旅游目的地，提升边境旅游的品质和影响力。

6.1.4 提高旅游地民生投入水平，加强和创新社会治理

习近平总书记指出，在整个社会经济发展进程中，要时时刻刻关注民生、保障民生、改善民生，确保改革发展成果能更好更公平地惠及民众，让人民群众在共同建设和谐社会的进程中也能够共享发展成果，进而有效提升民众的获得感与满足感。而提高旅游地民生福祉最直接有效的方式，就是不断增加对区域民生领域的财政投入，着力解决与民众生活直接相关的教育、就业、医疗卫生、社会保障等民生问题，并在此基础上不断优化旅游地民生治理水平，加强和创新社会治理，不断提高治理能效，保障当地民众有更高的满意度与幸福感。

6.1.4.1 持续加大旅游地民生投入，增进民生福祉

民生问题，包括教育、就业、社会保障和医疗卫生等，是人民群众最

为关切的核心议题。这些问题直接影响民众的日常生活，构成民生领域中最紧迫的现实需求。为不断提升人民群众的生活水平，必须从这些关键领域着手，加大财政投入力度，并不断完善民生保障体系。教育领域应优先发展，持续推进城乡义务教育一体化，促进教育公平，特别是要关注农村地区义务教育的发展，确保教育资源向农村地区倾斜。同时，提高学前教育和特殊教育的质量，优化网络教育，健全困难学生资助制度，确保经济困难的学生能够接受更高层次教育。在就业方面，应坚持就业优先战略和积极就业政策，提供全方位多层次的公共就业服务，特别是为高校青年毕业生和农民工提供多渠道就业机会，并鼓励自主创业。构建立体化的职业技能培训体系，缓解结构性就业矛盾，为民众提供创业指导，以创业带动就业。社会保障体系的构建需要全面覆盖，实现城乡统筹、权责清晰、保障适度、稳定可持续。实施全民参保计划，完善养老保险、医疗保险、大病保险、失业保险和工伤保险等制度，确保人民生活得到充分保障。同时，完善城乡社会救助体系，利用信息化平台实现精准救助。重视解决住房问题，探索构建多主体供给、多渠道保障、租购并举的住房制度，有效缓解住房困难。在养老服务方面，出台涉老惠老政策，构建多元化养老服务体系，支持养老机构建设，鼓励社会资本参与。促进医疗卫生事业发展，推进城市公立医院改革，优化城乡医疗服务体系，加强基层医疗卫生机构标准化建设，提升医疗服务水平。加强医疗救助补助资金管理，全面开展重特大疾病医疗救助。加强基础设施投入，包括水网、路网、电网、林网、通信、互联网和文化场馆等，以确保群众生活的便利性。环境治理同样关键，加快城镇生活污水处理和垃圾处理设施的提质增效，推进污染防治和环境监测，注重生态绿化，持续改善人居环境。通过这些综合性措施，可以确保民生问题得到有效解决，为旅游地人民群众创造一个更加稳定、繁荣的生活环境。

6.1.4.2 加强和创新旅游地社会治理，提高治理能效

民生的保障与改善是社会发展的重要目标。在增加财政投入的同时，提升民生治理的能效同样至关重要。目前，诸多地区面临社会治理水平不足、机制不完善等问题，这些问题已成为民生改善进程的障碍。为有效提升民生治理水平，必须构建一个共建共治共享的社会治理新格局。共建共

治共享理念中,"共建"是基础,强调制度和体系的战略性核心地位,它是社会治理的根基。"共治"是关键,它要求在社会治理中,以宏观视角为指导,充分发挥党和政府的引领作用、企业的市场竞争力、社会组织的群众动员能力,构建一个全民参与的治理体系。"共享"是目标,意味着社会治理成果应广泛惠及全体民众,特别是要关注农村、边境和乡镇地区的社会治理,强化基层建设,夯实基础。为实现共建共治共享,首先,需构建有效的社会治理机制,包括建立党委领导、政府负责、社会协同、公众参与、法治保障的治理体系,确保社会治理工作的法制化、专业化和精细化。其次,要建立预防和化解社会矛盾的机制,有效处理群众内部矛盾。此外,加强公共安全体系建设,确立安全生产责任制,防止重特大安全事故发生,提升地方政府的防灾减灾救灾能力。加强社会治安防控体系的建设,需对黄赌毒等违法犯罪活动进行严厉打击,保护群众的财产权、人身权和人格权。最后,应充分发挥基层社会组织的作用,将社会治理的重心下沉至基层,实现政府治理、社会调节与居民自治的良性互动。

6.2 以旅游流助力生计全面优化的乡村微观策略

在微观层面,旅游流带动目的地旅游业对民生的促进作用主要体现在能有效改善乡村农户生计,提高农户生计可持续性。为更好发挥旅游业对乡村旅游地农户生计的优化作用,着力提升乡村旅游地农户生计资本,推动农户生计多样化,解决农户旅游生计困境,缓解农户所面临的生计风险,提高生计稳定性,显得尤为重要。

6.2.1 针对性地拓宽农户生计类型,提高乡村旅游地农户生计多样化

生计多样化是指农村家庭通过不断增加从事不同生产活动并扩大生计资产投资来维持生存和提高生活标准的过程(Ellis,2000),生计多样化发展能有效帮助农村地区的家庭规避生计风险,实现稳定增收。为提高乡村旅游地农户收入水平,增强农户应对生计风险的能力,应着力提高农户生

计多样化，推动低收入农户生计多样化发展，尤其是要支持非旅游经营户参与旅游发展，分享旅游发展红利，并推动收入水平较低的小规模旅游经营户(如兜售旅游小商品、摆摊售卖当地小吃的农户)参与其他生计活动，进而有效提高家庭收入水平。对旅游高收入经营户，则应鼓励生计专业化服务。

6.2.1.1　推动非旅游生计农户参与旅游开发，共享旅游发展红利

在微观层面，旅游业对乡村旅游地农户生计的促进作用显而易见。通过从事旅游经营活动，农户能有效提升自身的生计资本水平，推动生计多样化，增强生计的稳定性。然而，地理位置的限制、金融资本与社会资本的门槛，以及对农户素质的要求等因素，导致部分农户无法参与到当地的旅游发展中，这不仅限制了他们的收入来源，还增加了他们对旅游业可能带来的消极影响的敏感性。为了使这些农户能真正融入乡村旅游业的发展，政府需要深入了解他们无法参与旅游经营的具体原因，并根据这些农户的实际需求提供精准帮扶。通过采取有效措施，消除或降低农户面临的困境，使他们能充分利用乡村地区的旅游资源，从旅游业的发展中获益，提升家庭的整体发展能力，进而增强当地生计的可持续性。具体措施如下：首先，加强对非旅游生计农户的旅游技能和素质培训，使他们掌握必要的服务技能，提高个人素质，增强参与旅游业的能力。其次，以旅游为导向整合农村资源，加大旅游与农业等产业的融合力度，打造特色农副产品品牌，使农户能够间接从旅游业中获益。再次，对于地理位置受限的农户来说，通过搬迁或合理的旅游布局规划，如将农户搬迁至核心景区或交通要道附近，或在旅游外围区开发新的旅游产品，帮助他们摆脱地理位置的限制。最后，增强农户的参与动力和意识，通过思想教育提高他们对乡村旅游发展的认识和参与度。

6.2.1.2　鼓励低收入旅游经营户选择多样化生计策略，提高生计多样化

乡村旅游业的发展为当地低收入户提供新的谋生途径，如在景区内销售民族饰品和特色小吃。然而，这类旅游相关的小规模经营往往难以带来丰厚的收入，导致农户依然面临一定风险。此外，旅游业的季节性特征导致家庭旅馆和小餐馆等小规模经营者面临收入的大幅波动，整体收入水平

并不稳定。为有效提升这些农户的生活水平，支持他们采取多元化的生计
策略，拓宽就业和增收渠道，是一种切实可行的方法。具体措施：首先，
当地政府应为这些农户，尤其是那些在景区内从事小商品销售的农户，提
供额外的就业机会。例如，可以提供景区清洁、民宿服务或参与文化表演
等工作，以缓解他们的生计压力。其次，应合理调整农业结构，完善相关
的农林水利基础设施，并增加农业科技投入，发展适应当地条件的特色农
业，以提高农户的农业收入。再次，政府需要深入挖掘地区资源，培育新
的经济增长点，发展具有地区特色的产业，通过这些产业带动农户持续增
收，为他们提供更多生计机会。此外，推进农村职业教育和技能培训，对
农户进行专门的职业技术培训，提高他们的就业能力和自主择业能力，促
进他们获取更广泛的就业机会。最后，政府应利用东西部协作和对口帮扶
等机制，鼓励农户的剩余劳动力到周边经济较发达地区务工，实现生计类
型的多样化。通过这些综合性措施，可为农户提供更稳定和多元化的生计
方式，从而有效提高他们的生活水平，推动乡村旅游业和农村经济的可持
续发展。

6.2.1.3 鼓励部分高收入旅游经营户，提升生计专业化服务水平

对收入较高的旅游经营户来说，实现服务专业化是提升竞争力、吸引
高端游客的关键步骤，同时也是推动旅游业质量升级和地区经济发展的重
要策略。鉴于这些经营户在资金和技术等方面已具备较强实力，政府的角
色在于通过一系列政策支持，降低他们转型的风险和成本。首先，政府应
制定并实施一套完善的政策体系，提供财政补贴、税收减免、技术支持和
专业培训等多元化支持措施。这将有助于经营户在转型过程中减轻负担，
加快服务专业化的进程。其次，政府需要加大对旅游服务专业技能培训的
投入，引入国内外先进的旅游管理和服务技术，以不断提升旅游经营户的
服务能力和水平。通过专业培训，可确保经营户掌握最新的服务技能和行
业知识。同时，鼓励旅游经营户开发具有地方特色和创新性的旅游产品，
并建立完善的旅游服务质量评价体系。通过定期的服务评价和认证，可确
保服务质量的持续提升，增强游客的满意度和忠诚度。此外，政府应支持
经营户在品牌建设和市场营销方面的努力，帮助他们拓宽市场影响力和客
源市场。这不仅能够提升经营户的市场竞争力，还能吸引更多游客，实现

更高水平的旅游服务和更大规模的经济效益。最后，推动高收入旅游经营户向服务专业化方向发展，进一步促进旅游业的高质量发展，为地区的经济提升和居民幸福感的增强做出贡献，实现旅游发展与地区社会经济进步的良性互动和共赢。

6.2.2 提高旅游地农户生计资本，优化农户生计能力

农户生计方式与农户家庭资产以及农户家庭成员能力息息相关。生计资本作为农户家庭整体存量的直观反映，直接影响着农户生计活动以及生计策略的选择，在农户可持续生计分析中，处于核心位置。生计资本涵盖农户家庭成员所具备的个人能力、农户生存所需要的自然资产和物质资产，以及家庭成员作为个体所进行的社会活动（Scoones，1998）。生计资本以人为中心，生计资本缺乏的农户，其生计不稳定性会明显提高。因此，要实现农户生计可持续性的目标，应着力提高农户生计资本水平，尤其是农户的金融资本、人力资本和社会资本三大方面。

6.2.2.1 加大金融扶持力度，提高乡村旅游地农户金融资本水平

资金短缺是限制当地农户参与旅游发展的主要障碍，尤其对于那些有意愿扩大旅游经营规模的农户来说，财力不足成为他们深度参与旅游业的最大阻碍。为帮助这些农户开展民宿商铺经营、发展休闲农业、承包乡村旅游项目等活动，当地政府需要采取一系列措施，提供资金支持，增强农户的金融资本，使他们有能力进行生计转型，选择更有利的生计策略，或实现业务的持续发展。具体而言，政府应加强乡村旅游地的金融体制改革，构建完善的农村金融服务体系，繁荣农村金融市场，拓宽金融资本来源渠道，促进信贷服务多元化，为农户金融资本的增加提供体制机制层面的保障。这包括完善农村信贷机制，推动建立多维度的农村金融机构，包括银行类金融机构、非银行类金融机构以及合作性质的非金融机构，鼓励它们为小规模旅游经营户提供小额贷款、低息贷款和贴息贷款。同时，政府应给予为乡村旅游农户提供信贷服务的机构和个人相应奖励或优惠措施，以激励更多的社会资本和金融资本为农户提供帮助，解决乡村旅游业在初创期和发展期面临的资金不足问题，推动乡村旅游业提质升级。银行等金融机构需要创新对农户的帮扶方式，简化借贷流程，降低信贷门槛。

此外，政府应充分发挥旅游帮扶资金的作用，确保这些资金能够精准提供给真正需要帮助的农户。

6.2.2.2　提高乡村劳动力素质，提升旅游地农户人力资本

人力资本在农户的生计活动中起至关重要的基础性作用，其高水平发展能有效促进农户积累其他类型的生计资本，并帮助他们选择更有利的生计策略，从而保障生计的可持续性。因此，提升乡村旅游地农户的劳动力素质，发挥人力资本作为"生计稳定器"的作用，显得尤为关键。首先，当地政府可以利用大数据技术深入了解农户家庭成员就业状况，识别他们的培训需求和意愿。基于这些信息，政府应提供全方位、多层次、差异化的技能培训体系，注重培训内容的实用性，将理论与实际操作相结合，激发农户学习兴趣，提升他们的竞争力。其次，提升乡村旅游地的教育水平。政府需要增加对农村教育的投入，提高基础教育质量，增加对农户子女的教育补助，因地制宜适时推广"一村一幼"和"学前学普"项目，从根本上阻断返贫可能性的代际传递。再次，鉴于健康劳动力对家庭生计发展的重要性，政府应加强农村公共卫生服务体系的建设，完善疾病防控、基础医疗、康复保健和健康教育等方面的服务，改善农村医疗卫生环境，提升服务水平。最后，面对城市化进程中导致的农村青壮年劳动力外流和农村空心化问题，政府应制定有吸引力的政策，鼓励新一代农民工回流，参与乡村旅游市场的建设。这不仅能缓解人力资本不足的问题，还能为乡村旅游市场的发展注入新活力。

6.2.2.3　丰富与优化社会关系，提高乡村旅游地农户社会资本水平

社会资本涵盖了农户所拥有的社会关系资源，包括亲朋好友、乡邻构成的社会网络，以及农户参与的正式或非正式社会组织。这些社会资本对农户获取发展机会、空间和社会资源至关重要，有助于农户摆脱返贫风险。然而，在许多乡村地区，旅游业的发展常受限于小规模、分散和质量参差不齐的旅游经营户，这些农户之间缺乏有效沟通与合作。特别是在地理位置偏僻的地区，农户的社会资本尤为不足。为提升乡村旅游地农户的生计可持续性，必须重视提升农户的社会资本水平，并拓宽他们的社会关系网络。培育防返贫农户的社会资本是一项挑战，需要通过有效的载体来实现。建立农民专业合作社是已被证明的有效途径。乡村旅游地应建立多

个合作组织，这些组织能加强农户间的交流，提供合作机会，增强农户之间的凝聚力。此外，通过建立文化活动室并定期举办文化活动，可逐步消除农户之间的距离感，促进互动交流与信任的建立，帮助社会资本较少的农户构建稳定社会关系。利用互联网和社交媒体加强乡村旅游经营户与外界的联系，引导外出务工村民回乡参与旅游业，鼓励文创工作者到当地创业，吸引城镇居民进行候鸟式旅居度假，这些都是扩充乡村旅游地社区和旅游经营户社会关系网络的有效方法。

6.2.3 缓解乡村旅游地农户生计风险，改善农户生计脆弱性

虽然乡村旅游业的发展能给当地农户带来更多的生计途径，在一定程度上提高农户生计能力，但由于农户之间的盲目无序竞争，景区管理公司与农户之间的利益分配不合理，以及生态环境遭到破坏等问题，会使乡村旅游地农户生计可持续性受到影响。为更好发挥乡村旅游业发展对农户生计的改善效应，尤其要对农户所面临的这些生计风险予以特别关注，以改善农户生计的脆弱性。

6.2.3.1 加强引导，推动乡村旅游地农户之间有序竞争

乡村旅游业的发展中，由于产品同质化严重、农户盲目参与以及缺乏有效监管等问题，导致一些地区旅游市场秩序混乱。农户在街道上拉客、随意降价等行为，不仅损害了当地旅游形象，还可能引发农户间的矛盾和社会冲突，对乡村旅游业的长期发展造成负面影响。为促进乡村旅游业的可持续发展和农户生计的稳定，当地政府需要加强对旅游市场秩序的监管和引导，推动农户之间良性竞争，实现共赢。首先，组织农户加入乡村旅游合作社，避免无序竞争，发挥合作社在促进农户合作、提供服务、调解矛盾、统一价格和推动发展标准化等方面的作用。合作社应为成员提供旅游商品开发、行业标准制定、人才培育和市场开发等服务体系。其次，政府和村委会应加强对旅游市场秩序的监管，制定乡村旅游发展管理办法，规范农户行为和行业发展，打击扰乱市场秩序的行为，防止恶性竞争。最后，应丰富乡村旅游产品类型，避免同质化和低端复制，实现差异化发展。开发具有地方特色的旅游商品，发展特色民宿、餐饮等，实现"一村一品""一家一特"，提升旅游产品的吸引力和竞争力。

6.2.3.2 保障农户利益，缓解乡村旅游地利益分配冲突

开发乡村旅游业的核心目标是解决"三农问题"，提升当地农户的生活水平，确保他们成为旅游发展的首要受益者。鉴于旅游经营农户是旅游服务的直接提供者，其利益的保障直接关系到乡村旅游业的成败和质量。然而，乡村旅游业的发展涉及政府、景区投资公司、社区和农户等多方利益相关者，他们各自有不同的利益诉求。在这个非完全信息的动态博弈过程中，农户往往处于较为弱势的地位。尽管各地区正积极探索建立多种利益联结机制，如"村委会+合作社+农户+龙头企业"模式或"村委会+合作社+农户"模式，但在实际操作中，农户利益的有效保障仍面临挑战，一些利益联结机制未能发挥应有的作用。在实际发展过程中，由于旅游资源的国有化，政府可能成为乡村旅游项目开发的主导者，而农户则可能被边缘化。此外，本应代表农户利益的村委会和乡村社区集体组织有时可能未充分发挥作用，或者农户因感到自身话语权不足而缺乏参与集体事务的积极性。这些问题可能导致农户的合理诉求和合法权益得不到有效保障，引发农户与村委会或国有景区投资公司之间的冲突，对农户生计的改善和地方旅游业的整体高质量发展产生不利影响。

为确保乡村旅游地农户的利益得到有效保障，首先，构建一个科学合理的利益分配机制，寻找到各方利益的平衡点。在乡村旅游开发过程中，必须全面考虑当地农户的利益，将农户与政府共同置于旅游发展的主导地位，提升农户的参与度，确保开发项目既符合当地居民的实际需求，又能满足他们的合理利益。其次，加强对农村集体组织的监督与管理至关重要。乡村旅游合作社等集体组织在处理农户利益分配事务时，应保证过程公开、公正和透明。可通过设置公告栏公布具体事宜，接受农户的公开监督。同时，集体组织成员的选拔应通过竞聘上岗，实行按劳付酬，确保成员的纪律性和组织的活力。此外，需要从思想层面着手，提高农户的主动参与性，增强他们的主人翁意识，激发他们参与旅游项目，特别在利益分配事务中的积极性和意愿。最后，可以在集体组织的领导下，对乡村旅游资源进行全面评估，并推行股份制改革。让农户以土地等资源或资金形式入股，使他们能够了解乡村旅游地的发展状况和经营收入，从而确保农户的长远利益得到保障。通过这些措施，可以促进乡村旅游地农户利益的最

大化，实现农户与旅游发展的和谐共赢，推动乡村旅游业的健康可持续发展。

6.2.3.3 加大生态环境保护，提升乡村生态环境质量

乡村旅游地吸引了众多游客前来放松身心，但随之而来的消遣性消费不可避免地产生大量生活垃圾，加剧当地的环境压力。私家车的无序涌入导致大气环境质量下降，而游客活动本身也可能对当地生态系统平衡造成不良影响。此外，乡村旅游项目的盲目和无序开发，以及农户因环保意识不足而片面追求经济效益，进一步加剧了一些乡村旅游地的生态环境问题，影响了农户的生活质量。因此，实现农户生计的可持续性，不仅需要提升经济收入，还需要关注和改善居住环境的质量。为此，需要采取以下措施：首先，强化顶层设计，注重保护性开发。在制定乡村旅游地的发展规划时，应将生态环境保护作为核心，维护生物多样性和生态平衡，避免破坏性开发。其次，加大环境污染监督力度，制定奖惩机制，严肃处理环境破坏行为。政府应指定职能部门负责环境管理，对农户的旅游经营行为进行环境评估与监测，确保污水和垃圾的合理处理。再次，加强环境保护基础设施建设，如垃圾桶、垃圾收集站和中转站等，由专业公司负责垃圾清洁工作，确保垃圾定期清理。同时，完善污水处理设施，对农户产生的污水进行集中处理，依托"厕所改革"工作改善卫生设施，配备现代化公共厕所，并进行日常清洁和无害化处理。最后，加强对农户和游客的环保教育，提升他们的环保意识。通过环保、可持续发展和法制教育，提高农户和游客的环境保护意识，使他们成为乡村旅游地生态环境保护的重要参与者。

6.2.4 创新相应的帮扶保障机制，提高农户生计稳定性

为更好提高乡村旅游地农户生计的稳定性，政府有必要借助大数据平台，建立农户生计监测系统，动态跟踪支持，实时把握农户生计状况，尤其是针对生计脆弱户与边缘易返贫户，一旦其生活出现困难要及时将其纳入帮扶范围，同时要建立相应的保障体系与帮扶体系，确保这部分农户生计实现稳定可持续发展。

6.2.4.1 健全农户生计动态监测机制，实时掌握农户生计状况

确保乡村地区收入水平较低群体的基本生活，并改善其生计状况，关

键在于建立健全农户生计动态监测体系。及时发现并帮扶农村防返贫人口，是守住防止规模性返贫底线的重要手段。乡村旅游地应采取农户主动申请、乡村走访排查、行业部门筛查和数据比对等多种方式，识别生计不稳定户、边缘易返贫户，以及因病因灾或意外事故导致基本生活出现严重困难的家庭。经相关主管部门认定后，这些家庭应纳入监测范围，并定期进行跟踪回访。监测工作应实行周统计、月通报、季调度、半年小结、年度总结的制度，确保及时发现问题并采取相应措施。特别要关注大病重病、慢性病患者、重度残疾人、失能老年人口等特殊群体的农户，并实时监测水旱灾害、气象灾害、地震灾害及疫情等重大公共事件对农户生计的影响。利用互联网和大数据技术构建监测平台，完善监测对象的基础数据库，加强数据信息的共享与利用，实现部门间的筛查预警和监测帮扶。同时，优化监测指标体系，整合各方信息数据，减少重复工作，提高监测效率。政府需加强对该工作的组织领导，实现省、市、县、乡四级联动，明确各级各部门的工作责任，加强基层工作力量，确保监测和帮扶工作的有序推进。

6.2.4.2 精准施政，构建精准帮扶体系

乡村旅游地中生计脆弱性较高、生计不稳定的农户需要得到精准而有效的帮扶。帮扶工作应遵循"缺什么补什么"的原则，根据农户所面临的具体生计风险、困境及发展需求，开展针对性的援助措施。对于仅面临单一生计风险的农户，应实施针对性的帮扶措施，避免农户过度依赖福利而坠入陷阱。对于面临多重困境的农户，应采取因户而异的综合性帮扶策略。对于有劳动能力但技能水平较低的农户，应采取开发式帮扶，通过加强技能培训并提供稳定就业机会，促进其稳定增收。对于无劳动能力或部分丧失劳动能力的农户，应提供兜底性保障，如农村低保补贴或将其纳入特困人员救助体系。对于那些内生发展动力不足的农户，应采取扶志与扶智相结合工作方法，全面激发其自我发展潜力，提升其可持续发展能力。此外，加强帮扶工作机制的建设同样重要。需要明确主体责任部门，制定具体工作方案，并统一组织实施。根据农户的困难原因、困难程度和发展潜能等关键指标，精确匹配帮扶干部到户，确保结对帮扶活动的有效开展。

6.2.4.3 增强旅游经营农户的自我发展能力

在市场竞争加剧和风险挑战多样化的背景下，农户自我发展能力的增强是提升生计绩效的关键。从人本主义和可持续发展的角度出发，提升农户的自我发展能力，不仅能提升其生产技能和市场竞争力，更是推动农村经济可持续发展的核心。首先，政府和社会组织应从教育培训的角度着手，开展针对性的职业技能培训和农业技术指导。重点传授实用技能和现代农业知识，以满足农户多样化的技能需求，确保他们能掌握先进的生产技术和市场运营知识。其次，从制度建设的角度考虑，要建立健全农户技能提升和技术创新的激励机制。例如，实施技能认证制度、提供技术创新奖励等措施，以激发农户参与培训和技术创新的积极性，促进他们不断追求进步和创新。再次，从社会网络构建的视角出发，应促进农户之间、农户与科研机构、农户与市场之间的信息交流与资源共享。建立有效的信息反馈机制，加强农户对市场变化的敏感性和适应性，提高他们在市场中的竞争力。最后，从风险管理的角度考虑，引导农户采用科学的生产管理和风险防范措施至关重要。多元化种植、参与农业保险等方法，可有效增强农户抵御市场和自然风险的能力，保障农业生产的稳定性和农户的收入安全。

7

结　语

7.1　主要结论

　　为探讨旅游流与目的地民生发展水平的关系，本书以广西为实证研究案例，从宏观城市(优秀旅游城市)和微观典型乡村旅游地出发，定量分析两个子系统的耦合协调关系，并构建指标体系测量分析在旅游业为先导发展产业的引领下，区域民生的改善效率程度及其差异。基于此，本书从上述两个层面分别提出民生和生计优化策略。研究结论如下：

　　其一，广西14个地级市的旅游业发展与民生综合发展的耦合协调度在2010~2019年基本保持平稳并向广西"南北黄金旅游线"城市集中，呈"一轴强，两翼弱"的态势。其中，耦合协调度达到较高协调程度的城市是：南宁、桂林、柳州和北海等处于广西南北黄金旅游线上的著名旅游城市，这也表明上述4个城市的旅游业发展与民生综合发展两个系统在发展水平和相互作用关系上有较好表现。而广西其他城市均存在不同程度的失调。

　　其二，采用两阶段网络DEA模型，将旅游业对民生综合发展的作用分为旅游业先导发展阶段和旅游民生协同发展阶段，广西14个地级市的旅游流驱动的民生效率整体呈"南北强，中西弱，自西向东阶梯增长"的基本格局。这种方式突破了传统效率测量只考虑一阶段的"投入—产出"而忽略中间过程的测量，综合考虑了旅游业在我国作为先导产业的历史过程，突出游客异地移动形成的"旅游流"在民生改善过程中的中介作用，并结合民生财政对区域民生的支撑效应。在广西的实证研究中，"南北强"是指以桂林为代表的桂北地区，以及以南宁、北海、钦州、防城港和崇左为代表的桂南地区整体实现了 DEA 有效。桂中、桂西地区虽未达到 DEA 有效，但也达到较高效率区间。"自西向东阶梯增长"是除南宁首府省会城市外，其他城市越接近经济发达的粤港澳大湾区效率值越高的现象。

其三，在乡村层面，旅游流影响下的乡村农户家庭一般拥有较好的社会资本和人力资本支撑，但农业在农户家庭生计中的分量有弱化态势。本书研究中的两个旅游地乡村农户拥有较好的社会资本和人力资本。其中，"美丽南方"农户的社会资本最高，其次是人力资本、金融资本和物质资本，生计资本最弱的是自然资本。阳朔县乡村旅游农户金融资本最高，其次是社会资本、人力资本、物质资本，自然资本最弱。这无疑表明，乡村旅游地的农户谋求的生计，均需与社会密切联系及在可用的人力资源支撑的基础上得以更好地实现。第一产业在乡村旅游地普通农户家庭具有弱化态势，自然资本均排名末位。

其四，在采用多种生计策略的乡村旅游户中，以旅游业作为家庭主导生计策略的农户效率良好，排名居中。从本书研究的两个典型村落的生计效率比较来看，各种生计策略的效率存在较大差异。其中，"美丽南方"的务工主导型和小微经营户效率最高，旅游主导型农户以微弱差距紧随其后，效率最低的是务农主导型。而阳朔县乡村旅游生计效率是务农主导型最高，其次是其他兼顾型、旅游主导型，最弱的是务工主导型。

其五，旅游流的季节性波动是影响乡村旅游地农户的生计资本、生计策略选择的重要因素。淡季的乡村旅游经营户能获得较高收入，一般源于较大规模的餐饮、民宿业态经营。其中，相当部分源于外来资本经营户，且具备较好的经营地理位置。淡季乡村旅游经营户中的低收入群体，主要是以离家近能照顾家庭为主要从业动机。旺季高收入乡村旅游经营户的参与旅游方式的重要特征是偏重资产业态，即民宿+餐饮。他们看好乡村旅游业发展前景，愿意进行较大投入并全力经营，是旺季高收入群体从事旅游业的主要动机。旺季低收入群体除基本不从事住宿和餐饮，其他乡村旅游业态较为分散。

7.2 讨论

从宏观层面上看，旅游流与民生的关联性、效率、影响因素、空间关系等定量分析将随着民生评估理论和技术不断进步及数据日渐充实而更加丰富和稳健。本书参照中国统计学会的《地区发展与民生指数（DLI）》及国务院发展研究中心"中国民生调查"相关评估指标选取。但受限于市域层面可获取的数据，民生领域的评价范围还具有一定局限性。特别是"民生幸福感"或"民生获得感"等涉及居民主观感受的评估指标，因数据采集获取难度大而未能引入，这可能会导致民生产出评价中信息缺失，进而对效率评估的精确性产生一定负面影响。

本书乡村层面涉及两个调查区域存在截然不同的效率表现，可能与调查样本的数量以及区域现实发育程度有密切联系。其中，"美丽南方"是本书调查的单一独立村落，乡村旅游业发育时间已经较长，更多的农户实现了生计从农业向旅游服务业就地转型，所剩不多的农户可能以自给自足为生计目标，从而拉低了整体效率值。但不能忽视的是，便利抽样调查过程中能够寻访到的农业主导型农户样本数量非常少，这既可从大量农户的生计转型得到解释，也可能是造成其数据容易出现误差。而桂林阳朔乡村旅游地调查研究的则是七个自然村。这些村落中既有核心景区周边农户，也有非景区周边乡村。尤其是一些围绕当地优势特色柑橘产业的农村，农户务农逐步实现了规模化、产业化和现代化，从而实现更高效率。在一定程度上说明乡村旅游地不存在效率最佳的生计模式，而是因时因地而差异。

在本书研究的乡村旅游地样本的村落中，人力资本并不弱，但却存在未来衰落的可能性，并对生计结构造成较大冲击。乡村的微观研究指出，全国范围内超过78%的乡村已经步入老龄化社会，甚至出现乡村深度老龄化和超级老龄化的极速发展趋势（王红霞，2019）。本次乡村旅游地接受调查的农户以在家的中老年人为主，其中在家中年人的重要职责之一是照顾老人和孩子。问卷调查中的访谈也证实，年轻人随着受教育程度逐步提高，一般会选择在城镇谋求薪资更高的工作并安家落户。青年人减少加速乡村人口结构的变化趋势，可能导致乡村人力资本匮乏矛盾变得日益突出的问题。缺乏人力资本的乡村旅游开发也可能面临劳动力紧张的直接困境，这也是以旅游流视域下乡村振兴未来可能面临的新挑战。

参考文献

[1] Addinsall C, Weiler B, Scherrer P, et al. Agroecological tourism: Bridging conservation, food security and tourism goals to enhance smallholders' livelihoods on South Pentecost, Vanuatu[J]. Journal of Sustainable Tourism, 2017, 25(8): 1100-1116.

[2] Adhikari Y P, Fischer A. Tourism: Boon for forest conservation, livelihood, and community development in Ghandruk VDC, Western Nepal[J]. The Initiation, 2011, 4: 35-45.

[3] Adiyia B, Vanneste D, Van Rompaey A. The poverty alleviation potential of tourism employment as an off-farm activity on the local livelihoods surrounding Kibale National Park, western Uganda[J]. Tourism and Hospitality Research, 2017, 17(1): 34-51.

[4] Agnew M, Palutikof J. Impacts of short-term climate variability in the UK on demand for domestic and international tourism[J]. Climate Research, 2006, 31(1): 109-120.

[5] Ahebwa W M, Aporu J P, Nyakaana J B. Bridging community livelihoods and cultural conservation through tourism: Case study of Kabaka heritage trail in Uganda[J]. Tourism and Hospitality Research, 2016, 16(2): 103-115.

[6] Ahebwa W M. Tourism, livelihoods and biodiversity conservation: An assessment of tourism related policy interventions at Bwindi Impenetrable National Park (BINP), Uganda[J]. Computers & Biomedical Research An International Journal, 2012, 5(4): 388-410.

[7] Akama J S. Western environmental values and nature-based tourism in Kenya[J]. Tourism Management, 1996, 17(8): 567-574.

[8]Aleknavičius M, Aleknavičius A, Kurowska K. Analysis of spatial interactions of tourism in Lithuanian-Polish cross-border region using gravity models[J]. GeodetskiVestnik, 2020, 64(3): 361-375.

[9]Anand A, Chandan P, Singh R B. Homestays at korzok: Supplementing rural livelihoods and supporting green tourism in the Indian Himalayas [J]. Mountain Research and Development, 2012, 32(2): 126-136.

[10]Anup K C, Rijal K, Sapkota R P. Role of ecotourism in environmental conservation and socioeconomic development in Annapurna conservation area, Nepal[J]. International Journal of Sustainable Development & World Ecology, 2015, 22(3): 251-258.

[11]Anup K C, Thapa Parajuli R B. Tourism and its impact on livelihood in Manaslu conservation area, Nepal [J]. Environment, Development and Sustainability, 2014, 16(5): 1053-1063.

[12]Assaf A G, Li G, Song H, et al. Modeling and forecasting regional tourism demand using the Bayesian Global Vector Autoregressive (BGVAR) model[J]. Journal of Travel Research, 2019, 58(3): 383-397.

[13]Avila-Foucat V S, Rodríguez-Robayo K J. Determinants of livelihood diversification: The case wildlife tourism in four coastal communities in Oaxaca, mexico[J]. Tourism Management, 2018, 69: 223-231.

[14]Barnes J I, Novelli M. Trophy hunting and recreational angling in Namibia: An economic, social and environmental comparison [M]// Tourism and the consumption of wildlife. London: Routledge, 2007: 177-190.

[15]Bendle L J. The structures and flows of a large tourist itinerancy network[J]. Current Issues in Tourism, 2018, 21(1): 103-122.

[16]Beritelli P, Reinhold S, Laesser C. Visitor flows, trajectories and corridors: Planning and designing places from the traveler's point of view[J]. Annals of Tourism Research, 2020, 82: 102936.

[17]Bhutia S. Rural tourism for sustaining rural livelihoods in Darjeeling Hills[J]. International Journal of Research in Economics and Social Sciences, 2016, 6(6): 1-7.

［18］Brundtland G H, Khalid M. Our common future［M］. Oxford: Oxford University Press, 1987.

［19］Butler R W. Seasonality in tourism: Issues and implications［M］// Seasonality in tourism. London: Routledge, 2001: 5–21.

［20］Çalışkan U, Saltik I A, Ceylan R, et al. Panel cointegration analysis of relationship between international trade and tourism: Case of Turkey and silk road countries［J］. Tourism Management Perspectives, 2019, 31: 361–369.

［21］Carter C, Garaway C. Shifting Tides, Complex lives: The dynamics of fishing and tourism livelihoods on the Kenyan Coast［J］. Society & Natural Resources, 2014, 27(6): 573–587.

［22］Cerqua A. The signalling effect of eco–labels in modern coastal tourism［J］. Journal of Sustainable Tourism, 2017, 25(8): 1159–1180.

［23］Chambers R, Conway G R. Sustainable rural livelihoods: Practical concepts for the 21st century, IDS discussion paper［M］. Brighton, England: Institute of Development Studies, 1992.

［24］Chao C–C, Laffargue J–P, Sgro P M. Environmental control, wage inequality and national welfare in a tourism economy［J］. International Review of Economics & Finance, 2012, 22(1): 201–207.

［25］Chesney M, Hazari B R. Illegal migrants, tourism and welfare: A trade theoretic approach［J］. Pacific Economic Review, 2003, 8(3): 259–268.

［26］Chua A, Servillo L, Marcheggiani E, et al. Mapping Cilento: Using geotagged social media data to characterize tourist flows in southern Italy［J］. Tourism Management, 2016, 57: 295–310.

［27］Chu F–L. Forecasting tourism demand with ARMA–based methods［J］. Tourism Management, 2009, 30(5): 740–751.

［28］Churchill S A, Inekwe J, Ivanovski K. Has tourism driven house prices in Germany? Time–varying evidence since 1870［J］. Tourism Economics, 2022, 28(7): 1705–1723.

［29］Coshall J T, Charlesworth R. A management orientated approach to combination forecasting of tourism demand［J］. Tourism Management, 2011,

32(4): 759-769.

[30]de la Peña M R, Núñez-Serrano J A, Turrión J, et al. A new tool for the analysis of the international competitiveness of tourist destinations based on performance[J]. Journal of Travel Research, 2019, 58(2): 207-223.

[31]Devkota T. Climate change and its impact on tourism based livelihood in high mountain of nepal [J]. Journal of Development and Administrative Studies, 2017, 25(1-2): 11-23.

[32] DFID. Sustainable livelihoods guidance sheets [M]. London: Department for International Development, 2000.

[33]Domènech A, Gutiérrez A. A GIS-based evaluation of the effectiveness and spatial coverage of public transport networks in tourist destinations[J]. ISPRS International Journal of Geo-Information, 2017, 6(3): 83.

[34]Dredge D. Place change and tourism development conflict: Evaluating public interest[J]. Tourism Management, 2010, 31(1): 104-112.

[35]Ellis F. Rural livelihoods and diversity in developing countries[M]. Oxford: Oxford University Press, 2000.

[36]El-Sahli Z. The role of inbound tourist flows in promoting exports[J]. The World Economy, 2018, 41(5): 1457-1475.

[37]Eryiğit M, Kotil E, Eryiğit R. Factors affecting international tourism flows to turkey: A gravity model approach[J]. Tourism Economics, 2010, 16(3): 585-595.

[38] Fabinyi M. The intensification of fishing and the rise of tourism: Competing coastal livelihoods in the calamianes islands, philippines[J]. Human Ecology, 2010, 38(3): 415-427.

[39]Fourie J, Santana-Gallego M. The impact of mega-sport events on tourist arrivals[J]. Tourism Management, 2011, 32(6): 1364-1370.

[40]Gale T. Finding meaning in sustainability and a livelihood based on tourism: An ethnographic case study of rural citizens in the aysén region of chile[D]. West Virginia: West Virginia University, 2006.

[41]García-Hernández M, De la Calle-Vaquero M, Yubero C. Cultural

heritage and urban tourism: Historic city centres under pressure [J]. Sustainability, 2017, 9(8): 1346.

[42] Gaxiola A P, Castro M C. Inequality, tourism and welfare: Analysis regional and by states, according to stratum urban and rural[J]. El Periplo Sustentable, 2017(32).

[43] Geneletti D, Dawa D. Environmental impact assessment of mountain tourism in developing regions: A study in Ladakh, Indian Himalaya [J]. Environmental Impact Assessment Review, 2009, 29(4): 229-242.

[44] Glaser B, Strauss A. Discovery of grounded theory: Strategies for qualitative research[M]. Chicago: Aldine Publishing Company, 1967.

[45] Grossi L, Mussini M. Seasonality in tourist flows: Decomposing and testing changes in seasonal concentration [J]. Tourism Management, 2021, 84: 104289.

[46] Gössling S, Hall C M, Peeters P, et al. The future of tourism: Can tourism growth and climate policy be reconciled? A mitigation perspective[J]. Tourism Recreation Research, 2010, 35(2): 119-130.

[47] Guccio C, Lisi D, Martorana M, et al. On the role of cultural participation in tourism destination performance: An assessment using robust conditional efficiency approach [J]. Journal of Cultural Economics, 2017, 41(2): 129-154.

[48] Guha I, Ghosh S. Does tourism contribute to local livelihoods?: A case study of tourism, poverty and conservation in the Indian Sundarbans[M]. Kathmandu, NP: Sandee, 2007.

[49] Guo Y, Kim S S, Timothy D J, et al. Tourism and reconciliation between Mainland China and Taiwan[J]. Tourism Management, 2006, 27(5): 997-1005.

[50] Gurung T B, Thing A. Fishing tourism can support fisher's livelihood and fish conservation in Nepal: A value chain analysis[J]. Hydro Nepa: Journal of Water, Energy and Environment, 2016, 18: 55-60.

[51] Halicioglu F. An econometric analysis of the aggregate outbound

tourism demand of turkey[J]. Tourism Economics, 2010, 16(1): 83-97.

[52]Hazari B R, Lin J. Tourism, Terms of trade and welfare to the poor[J]. Theoretical Economics Letters, 2011, 1(2): 28-32.

[53]Hoang H T T, Vanacker V, Van Rompaey A, et al. Changing human-landscape interactions after development of tourism in the northern Vietnamese Highlands[J]. Anthropocene, 2014, 5: 42-51.

[54] Hoefle S W. Multi-functionality, juxtaposition and conflict in the Central Amazon: Will tourism contribute to rural livelihoods and save the rainforest? [J]. Journal of Rural Studies, 2016, 44: 24-36.

[55]Iorio M, Corsale A. Rural tourism and livelihood strategies in Romania[J]. Journal of Rural Studies, 2010, 26(2): 152-162.

[56] Jome Poor M, Kiumars N. Investigation of tourism impact on the livelihood activities and assets of rural households (Case study: Zeeyarat village in Gorgan County)[J]. Tourism Management Studies, 2005, 2(7): 87-120.

[57] Katircioglu S, Cizreliogullari M N, Katircioglu S. Estimating the role of climate changes on international tourist flows: Evidence from Mediterranean Island States[J]. Environmental Science and Pollution Research, 2019, 26(14): 14393-14399.

[58]Kádár B, Gede M. Tourism flows in large-scale destination systems[J]. Annals of Tourism Research, 2021, 87: 103113.

[59] Khalid U, Okafor L E, Shafiullah M. The effects of economic and financial crises on international tourist flows: A cross-country analysis [J]. Journal of Travel Research, 2020, 59(2): 315-334.

[60]Krantz L. The sustainable livelihood approach to poverty reduction[J]. SIDA. Division for Policy and Socio-Economic Analysis, 2001, 44: 1-38.

[61] Kumar De U, Devi A. Nature based tourism, seasonal variation and its impact on employment and income: Evidence from meghalaya[J]. Journal of Environmental Management & Tourism (De Gruyter Open), 2010, 1(2): 116-131.

[62] Lankford S V, Howard D R. Developing a tourism impact attitude

scale[J]. Annals of Tourism Research, 1994, 21(1): 121-139.

[63]Lee M-H. Tourism and sustainable livelihoods: The case of Taiwan[J]. Third World Quarterly, 2008, 29(5): 961-978.

[64]León Y M. The impact of tourism on rural livelihoods in the Dominican Republic's coastal areas[J]. The Journal of Development Studies, 2007, 43(2): 340-359.

[65]Liu A, Wall G. Planning tourism employment: A developing country perspective[J]. Tourism Management, 2006, 27(1): 159-170.

[66]Liu W, Vogt C A, Luo J, et al. Drivers and socioeconomic impacts of tourism participation in protected areas[J]. PLoS One, 2012, 7(4): e35420.

[67]Liu Y, Hsiao A, Ma E. Segmenting tourism markets based on demand growth patterns: A longitudinal profile analysis approach [J]. Journal of Hospitality & Tourism Research, 2021, 45(6): 967-997.

[68]Liu Y, Li R, Song X. Analysis of coupling degrees of urbanization and ecological environment in China[J]. Journal of Natural Resources, 2005, 20 (1): 105-112.

[69] Malik M I, Bhat M S. Sustainability of tourism development in Kashmir — Is paradise lost? [J]. Tourism Management Perspectives, 2015, 16: 11-21.

[70]Manyara G, Jones E. Community-based tourism enterprises development in Kenya: An exploration of their potential as avenues of poverty reduction[J]. Journal of Sustainable Tourism, 2007, 15(6): 628-644.

[71] Marco-Lajara B, Úbeda-García M, Sabater-Sempere V, et al. Territory impact on the performance of Spanish vacation hotels[J]. Tourism Economics, 2014, 20(4): 779-796.

[72]Marrocu E, Paci R. They arrive with new information. Tourism flows and production efficiency in the European regions[J]. Tourism Management, 2011, 32(4): 750-758.

[73]Massidda C, Etzo I. The determinants of Italian domestic tourism: A panel data analysis[J]. Tourism Management, 2012, 33(3): 603-610.

[74]Mbaiwa J E. Changes on traditional livelihood activities and lifestyles caused by tourism development in the Okavango Delta, Botswana[J]. Tourism Management, 2011, 32(5): 1050-1060.

[75]Mbaiwa J E. Enclave tourism and its socio-economic impacts in the Okavango Delta, Botswana[J]. Tourism Management, 2005, 26(2): 157-172.

[76]Mbaiwa J E, Kolawole O D. Tourism and biodiversity conservation: The case of community-based natural resource management in Southern Africa. [J]. CABI Reviews, 2013(2013): 1-10.

[77]Mbaiwa J E, Sakuze L K. Cultural tourism and livelihood diversification: The case of Gcwihaba Caves and XaiXai village in the Okavango Delta, Botswana[J]. Journal of Tourism and Cultural Change, 2009, 7(1): 61-75.

[78]Meena B L, Das N P. A study on eco-tourism potential in Tripura, North-East India[J]. Indian Streams Research Journal, 2012, 1(5): 1-4.

[79]Melita A W, Mendlinger S. The impact of tourism revenue on the local communities' livelihood: A case study of ngorongoro conservation area, tanzania[J]. Journal of Service Science and Management, 2013, 6(1): 117-126.

[80]Mertzanis C, Papastathopoulos A. Epidemiological susceptibility risk and tourist flows around the world[J]. Annals of Tourism Research, 2021, 86: 103095.

[81]Milman A, Pizam A. Social impacts of tourism on central florida[J]. Annals of Tourism Research, 1988, 15(2): 191-204.

[82]Needham M D, Szuster B W. Situational influences on normative evaluations of coastal tourism and recreation management strategies in Hawai'i[J]. Tourism Management, 2011, 32(4): 732-740.

[83]Nyaupane G P, Poudel S. Linkages among biodiversity, livelihood, and tourism[J]. Annals of Tourism Research, 2011, 38(4): 1344-1366.

[84]Okafor L E, Khalid U, Then T. Common unofficial language, development and international tourism[J]. Tourism Management, 2018, 67: 127-138.

［85］Perdue R R, Long P T, Kang Y S. Boomtown tourism and resident quality of life［J］. Journal of Business Research, 1999, 44(3): 165-177.

［86］Petropoulos C, Patelis A, Metaxiotis K, et al. SFTIS: A decision support system for tourism demand analysis and forecasting［J］. Journal of Computer Information Systems, 2003, 44(1): 21-32.

［87］Pham T T T. Tourism in marine protected areas: Can it be considered as an alternative livelihood for local communities?［J］. Marine Policy, 2020, 115: 103891.

［88］Prince S. Craft-art in the Danish countryside: Reconciling a lifestyle, livelihood and artistic career through rural tourism［J］. Journal of Tourism and Cultural Change, 2017, 15(4): 339-358.

［89］Ratz T, Michalko G. The contribution of tourism to well-being and welfare: The case of Hungary［J］. International Journal of Sustainable Development, 2011, 14(3-4): 332-346.

［90］Rosselló-Nadal J, Riera-Font A, Cárdenas V. The impact of weather variability on British outbound flows［J］. Climatic Change, 2011, 105(1-2): 281-292.

［91］Ross S, Wall G. Evaluating ecotourism: The case of North Sulawesi, Indonesia［J］. Tourism Management, 1999, 20(6): 673-682.

［92］Saenz-de-Miera O, Rosselló J. The responsibility of tourism in traffic congestion and hyper-congestion: A case study from Mallorca, Spain［J］. Tourism Management, 2012, 33(2): 466-479.

［93］Santana-Gallego M, Ledesma-Rodríguez F J, Pérez-Rodríguez J V. International trade and tourism flows: An extension of the gravity model［J］. Economic Modelling, 2016, 52: 1026-1033.

［94］Saveriades A. Establishing the social tourism carrying capacity for the tourist resorts of the east coast of the Republic of Cyprus［J］. Tourism Management, 2000, 21(2): 147-156.

［95］Saxena G. Beyond mistrust and competition—the role of social and personal bonding processes in sustaining livelihoods of rural tourism businesses:

A case of the Peak District National Park[J]. International Journal of Tourism Research, 2006, 8(4): 263-277.

[96] Scheyvens R, Momsen J H. Tourism and poverty reduction: Issues for small island states[M]// Tourism and Sustainable Development Goals. London: Routledge, 2020: 111-129.

[97] Scheyvens R, Momsen J. Tourism in small island states: From vulnerability to strengths[J]. Journal of Sustainable Tourism, 2008, 16(5): 491-510.

[98] Scoones I. Sustainable rural livelihoods: A framework for analysis[Z]. Institute of Development Studies Brighton, 1998.

[99] Seetanah B, Sannassee R, Rojid S. The impact of relative prices on tourism demand for Mauritius: An empirical analysis[J]. Development Southern Africa, 2015, 32(3): 363-376.

[100] Segre A, Vittuari M, Regoli F. Can rural tourism boost green livelihoods? Empirical evidences from Maramureş [J]. Romanian Review of Regional Studies, 2011, 7(1): 107-122.

[101] Sen A. Choice, welfare and measurement[M]. Cambridge: Harvard University Press, 1997.

[102] Shan J, Wilson K. Causality between trade and tourism: Empirical evidence from China[J]. Applied Economics Letters, 2001, 8(4): 279-283.

[103] Shannon C E. A mathematical theory of communication[J]. Bell System Technical Journal, 1948, 27(3): 379-423.

[104] Shen F. Tourism and the sustainable livelihoods approach: Application within the Chinese context [D]. Canterbury: Lincoln University, 2008.

[105] Sheng L. Taxing tourism and subsidizing non-tourism: A welfare-enhancing solution to "Dutch disease"? [J]. Tourism Management, 2011, 32(5): 1223-1228.

[106] Sheng L, Tsui Y. A general equilibrium approach to tourism and welfare: The case of Macao[J]. Habitat International, 2009, 33(4): 419-424.

[107] Snyman S. The impact of ecotourism employment on rural household

incomes and social welfare in six southern African countries[J]. Tourism and Hospitality Research, 2014, 14(1-2): 37-52.

[108]Sofield T H. Empowerment for sustainable tourism development[M]. New York: Pergamon, 2003.

[109]Srijuntrapun P, Fisher D, Rennie H G. Assessing the sustainability of tourism-related livelihoods in an urban World Heritage Site[J]. Journal of Heritage Tourism, 2018, 13(5): 395-410.

[110] Stone M T, Nyaupane G P. Protected areas, wildlife-based community tourism and community livelihoods dynamics: Spiraling up and down of community capitals[J]. Journal of Sustainable Tourism, 2018, 26(2): 307-324.

[111]Stronza A, Gordillo J. Community views of ecotourism[J]. Annals of tourism research, 2008, 35(2): 448-468.

[112]Su M M, Wall G, Xu K. Heritage tourism and livelihood sustainability of a resettled rural community: Mount Sanqingshan World Heritage Site, China[J]. Journal of Sustainable Tourism, 2016, 24(5): 735-757.

[113]Su M M, Wall G, Xu K. Livelihood sustainability in a rural tourism destination-Hetu Town, Anhui Province, China[J]. Tourism Management, 2019, 71: 272-281.

[114]Taylor J E, Hardner J, Stewart M. Ecotourism and economic growth in the Galapagos: An island economy-wide analysis[J]. Environment and Development Economics, 2009, 14(2): 139-162.

[115] Tichaawa T M, Lekgau R J. Leveraging wildlife tourism for employment generation and sustainable livelihoods: The case of the Kgalagadi Transfrontier Park, Southern Africa[J]. Bulletin of Geography Socio-economic Series, 2020(49): 93-108.

[116]Ţigu G, Călăreţu B. Supply chain management performance in tourism. Continental hotels chain case[J]. Amfiteatru Economic Journal, 2013, 15(33): 103-115.

[117] Timothy D J, Kim S. Understanding the tourism relationships

between South Korea and China: A review of influential factors[J]. Current Issues in Tourism, 2015, 18(5): 413-432.

[118]Tokarchuk O, Gabriele R, Maurer O. Development of city tourism and well-being of urban residents[J]. Tourism Economics, 2017, 23(2): 343-359.

[119] Tone K, Tsutsui M. Dynamic DEA: A slacks - based measure approach[J]. Omega, 2010, 38(3-4): 145-156.

[120]Tosun C. Host perceptions of impacts: A comparative tourism study[J]. Annals of tourism research, 2002, 29(1): 231-253.

[121] Urtasun A, Gutiérrez I. Tourism agglomeration and its impact on social welfare: An empirical approach to the Spanish case [J]. Tourism Management, 2006, 27(5): 901-912.

[122] Van der Duim V R. New institutional arrangements for tourism, conservation and development in Sub-Saharan Africa[M]// New alliances for tourism, conservation and development in Eastern and Southern Africa. Amster dam: Eburon, 2010: 83-106.

[123] Vergori A S. Patterns of seasonality and tourism demand forecasting[J]. Tourism Economics, 2017, 23(5): 1011-1027.

[124]Vietze C. Cultural effects on inbound tourism into the USA: A gravity approach[J]. Tourism Economics, 2012, 18(1): 121-138.

[125]Wei C, Wang Z, Lan X, et al. The spatial-temporal characteristics and dilemmas of sustainable urbanization in China: A new perspective based on the concept of five-in-one[J]. Sustainability, 2018, 10(12): 4733.

[126]Worobiec A, Samek L, Karaszkiewicz P, et al. A seasonal study of atmospheric conditions influenced by the intensive tourist flow in the Royal Museum of Wawel Castle in Cracow, Poland[J]. Microchemical Journal, 2008, 90(2): 99-106.

[127]Xiao Y, Yin K, Shen Y. Change of farmers' household livelihood capital based on the different tourism perceptions in coastal rural areas[J]. Journal of Coastal Research, 2019, 93(sp1): 775.

[128]Xu D, Cong L, Wall G. Visitors' spatio-temporal behavior at a zoo in China[J]. Asia Pacific Journal of Tourism Research, 2020, 25(9): 931-947.

[129]Yerdelen Tatoglu F, Gul H. Analysis of tourism demand using a multi-dimensional panel gravity model[J]. Tourism Review, 2019, 75(2): 433-447.

[130]Yergeau M-E. Tourism and local welfare: A multilevel analysis in Nepal's protected areas[J]. World Development, 2020, 127: 104744.

[131]Zhang Y, Xiao X, Zheng C, et al. Is tourism participation in protected areas the best livelihood strategy from the perspective of community development and environmental protection? [J]. Journal of Sustainable Tourism, 2020, 28(4): 587-605.

[132]安体富. 民生财政: 我国财政支出结构调整的历史性转折[J]. 地方财政研究, 2008(5): 4-8.

[133]包富华, 陈瑛. 我国入境旅游与进出口贸易重心的时空耦合演变特征与驱动机制[J]. 旅游学刊, 2019, 34(11): 66-81.

[134]卞显红, 金霞, 秦萍, 等. 中韩相关事件对双向旅游流流动的影响[J]. 商业研究, 2011(12): 187-192.

[135]曹芳东, 黄震方, 黄睿, 等. 江苏省高速公路流与景区旅游流的空间关联及其耦合路径[J]. 经济地理, 2021, 41(1): 232-240.

[136]曹诗图, 刘雪珍. 试论旅游与民生[J]. 中国市场, 2012(1): 128-129.

[137]陈浩, 陆林, 郑嬗婷. 基于旅游流的城市群旅游地旅游空间网络结构分析——以珠江三角洲城市群为例[J]. 地理学报, 2011, 66(2): 257-266.

[138]陈佳, 张丽琼, 杨新军, 等. 乡村旅游开发对农户生计和社区旅游效应的影响——旅游开发模式视角的案例实证[J]. 地理研究, 2017, 36(9): 1709-1724.

[139]陈梅花, 路军慧. 基于SNA的河南省旅游流网络结构特征研究[J]. 西北师范大学学报(自然科学版), 2017, 53(2): 129-134.

[140]陈燕. 乡村旅游对农户生计的影响研究[D]. 太原: 山西大学, 2018.

[141]陈玥彤，李东，王玉清. 乡村振兴背景下旅游扶贫民生效应研究——以南疆四地州为例[J]. 乌鲁木齐职业大学学报，2020, 29(2)：11-15+40.

[142]程雪兰，方叶林，苏雪晴，等. 中国东部沿海 5 大城市群旅游流网络结构空间分布特征研究[J]. 地理科学进展，2021, 40(6)：948-957.

[143]储德银，闫伟. 财政支出的民生化进程与城乡居民消费——基于1995~2007 年省级面板数据的经验分析[J]. 山西财经大学学报，2010, 32(1)：10-16.

[144]丛丽，李淑瑜，洪静萱，等. 全国红色旅游景区旅游流网络空间结构研究[J]. 干旱区资源与环境，2021, 35(12)：188-194.

[145]崔凤军. 民生"八字""乐"在其中[J]. 旅游学刊，2010, 25(7)：6-7.

[146]崔晓明，陈佳，杨新军. 乡村旅游影响下的农户可持续生计研究——以秦巴山区安康市为例[J]. 山地学报，2017, 35(1)：85-94.

[147]崔晓明. 基于可持续生计框架的秦巴山区旅游与社区协同发展研究——以陕西西康市为例[D]. 西安：西北大学，2018.

[148]戴克清，苏振，黄润. "互联网+"驱动中国旅游产业创新的效率研究[J]. 华东经济管理，2019, 33(7)：87-93.

[149]丁正山. 南京国内旅游流时空演变研究[J]. 旅游学刊，2004(2)：37-40.

[150]董培海，李庆雷，李伟. 中国旅游流研究的现状、问题及展望[J]. 世界地理研究，2015, 24(4)：152-162.

[151]窦海萍，吴慧平. 我国旅游流研究现状分析[J]. 国土与自然资源研究，2021(2)：94-96.

[152]窦开龙. 民族地区旅游业发展的民生效应研究——以西北 5 大旅游目的地为例[J]. 黑龙江民族丛刊，2012(6)：60-66.

[153]杜家祺，靳诚，徐菁，等. 长江三角洲虚拟旅游流空间格局及其影响因素分析[J]. 南京师大学报(自然科学版)，2021, 44(2)：48-54.

[154]范淑青，马晓冬，司绪华. 鲁南经济带旅游流特征分析及旅游战略调整[J]. 国土与自然资源研究，2009(1)：81-83.

[155]范业正. 从生活福利与旅游富民看旅游民生[J]. 旅游学刊,
2010, 25(7): 10-11.

[156]方世巧, 马耀峰, 李天顺, 等. 基于百度搜索的西安市 A 级景
区信息与旅游流耦合分析[J]. 干旱区资源与环境, 2012, 26(8): 190-194.

[157]冯娜, 李君轶. 外向在线旅游信息流与入境旅游流的耦合分
析——以美加入境旅游流为例[J]. 旅游学刊, 2014, 29(4): 79-86.

[158]冯学钢, 黄和平, 邱建辉. 我国入境旅游流季节性特征及其时空
演变研究——基于 22 个热点旅游城市面板数据的实证分析[J]. 华东经济
管理, 2015, 29(6): 1-9.

[159]付琼鸽, 刘大均, 胡静, 等. 湖北省旅游流网络结构的特征与
优化[J]. 经济地理, 2015, 35(3): 191-196.

[160]干青亚, 邱枫, 刘文生, 等. 基于 GIS-SNA 的长江三角洲城市
群旅游流网络演化[J]. 华东经济管理, 2016, 30(8): 35-40.

[161]高楠, 张旭红, 马耀峰, 等. 入境旅游流与世界遗产依附地协调
发展的时空特征及影响因素[J]. 陕西师范大学学报(自然科学版), 2020,
48(4): 1-13.

[162]高园. 产业发展、民生幸福与地方政府治理的良性互动——旅游
目的地居民幸福指数的价值探论[J]. 理论导刊, 2012(9): 89-91.

[163]郭向阳, 穆学青, 明庆忠, 等. 旅游地快速交通优势度与旅游流
强度的空间耦合分析[J]. 地理研究, 2019, 38(5): 1119-1135.

[164]韩剑磊, 明庆忠. 边境地区旅游网站信息流与旅游流的耦合关
系——基于云南省的实证分析[J]. 社会科学家, 2020(5): 85-90.

[165]韩剑磊, 明庆忠, 史鹏飞, 等. 多维"流"视角下区域旅游网络
结构特征及其作用机制分析——以云南省为例[J]. 世界地理研究, 2021,
30(3): 645-656.

[166]胡静, 贾垚焱, 李亚娟, 等. 西南民族旅游地自助游发展水平与
交通可达性的耦合研究——以黔东南州为例[J]. 华中师范大学学报(自然
科学版), 2019, 53(1): 154-164.

[167]黄震方, 袁林旺, 俞肇元, 等. 生态旅游区旅游流的时空演变与
特征——以盐城麋鹿生态旅游区为例[J]. 地理研究, 2008(1): 55-64.

[168]戢晓峰，李康康，陈方. 节假日旅游流时空分异及其形成机制——以云南省为例[J]. 经济地理，2018，38(3)：200-207.

[169]戢晓峰，梁斐雯，陈方. 基于突变理论的过饱和旅游流应急疏散效率评价方法[J]. 经济地理，2013，33(5)：168-173.

[170]琚胜利，陶卓民，赖正清，等. 浙江省国内旅游流系统网络结构演变研究[J]. 地理与地理信息科学，2015，31(2)：91-97.

[171]赖斌. 民族地区旅游资源开发对民生感的影响机理实证分析[J]. 统计与决策，2017(5)：112-115.

[172]赖斌，杨丽娟. 民族地区旅游开发惠及民生的绩效评价实证研究——以丽江、九寨沟等地为例[J]. 云南民族大学学报(哲学社会科学版)，2016，33(6)：103-107.

[173]李馥利，吴晋峰，马耀峰. 基于旅游流转移的陕西省入境旅游时空动态分析[J]. 干旱区资源与环境，2009，23(11)：156-160.

[174]李广东，邱道持，王利平，等. 生计资产差异对农户耕地保护补偿模式选择的影响——渝西方山丘陵不同地带样点村的实证分析[J]. 地理学报，2012，67(4)：504-515.

[175]李晶，葛玉辉. 基于数字足迹的城市旅游流网络结构演化研究——以杭州市为例[J]. 资源开发与市场，2021，37(5)：620-628.

[176]李磊，陆林，孙小龙，等. 高铁沿线旅游流网络结构及其互动关系研究——以合福高铁沿线地区为例[J]. 人文地理，2020，35(1)：132-140.

[177]李磊，陶卓民，赖志城，等. 长征国家文化公园红色旅游资源网络关注度及其旅游流网络结构分析[J]. 自然资源学报，2021，36(7)：1811-1824.

[178]李倩，曲凌雁. 城市旅游流网络结构特征及其影响因素——以上海市为例[J]. 世界地理研究，2021，30(1)：114-124.

[179]李蕊蕊，赵伟，陈思雯. 厦门城市自助游网络结构及机制研究[J]. 世界地理研究，2019，28(4)：211-220.

[180]李天顺，马耀峰. 中国入境旅游研究[M]. 北京：科学出版社，1999.

[181]李小云，董强，饶小龙，等. 农户脆弱性分析方法及其本土化应

用[J]. 中国农村经济，2007(4)：32-39.

[182]李鑫，杨新军，陈佳，等. 基于农户生计的乡村能源消费模式研究——以陕南金丝峡乡村旅游地为例[J]. 自然资源学报，2015，30(3)：384-396.

[183]李亚娟，曾红春，李超然，等. 山地民族地区旅游流网络结构及流动方式研究——以恩施州为例[J]. 长江流域资源与环境，2019，28(7)：1612-1622.

[184]李永军. 旅游流研究初探[J]. 商场现代化，2005(18)：28-29.

[185]李振亭，马耀峰，李创新，等. 近20年来中国入境旅游流流量与流质的变化分析[J]. 陕西师范大学学报(自然科学版)，2012，40(1)：94-99.

[186]林文辉，毛峰，何虹，等. 杭州市景点旅游流空间网络分析[J]. 浙江大学学报(理学版)，2016，43(4)：458-464.

[187]林育彬，郭伟锋，林开森. 县域全域旅游目的地自助游网络结构及优化——以武夷山市为例[J]. 西北师范大学学报(自然科学版)，2021，57(4)：54-62.

[188]林祖华. 论民生的内涵和特点[J]. 理论与改革，2012(3)：14-16.

[189]凌秋霞，刘澜，陈俊，等. 川藏铁路沿线旅游流空间特征分析[J]. 铁道运输与经济，2021，43(7)：29-35.

[190]刘大均，陈君子. 成渝城市群旅游流网络空间与区域差异研究[J]. 西南师范大学学报(自然科学版)，2020，45(12)：112-119.

[191]刘大均，陈君子，贾垚焱. 高铁影响下成渝城市群旅游流网络的变化特征[J]. 世界地理研究，2020，29(3)：549-556.

[192]刘法建，张捷，章锦河，等. 中国入境旅游流网络省级旅游地角色研究[J]. 地理研究，2010，29(6)：1141-1152.

[193]刘锋. "民生改善"引领旅游发展方式转变[J]. 旅游学刊，2010，25(8)：9-10.

[194]刘宏盈. 长三角入境旅游流西向扩散效应分析——以向陕西扩散为例[J]. 地域研究与开发，2010，29(4)：93-98.

[195]刘宏盈，马耀峰，白凯，等.口岸入境旅游流扩散转移特征研究——以上海为例[J].社会科学家，2008(1)：99-103.

[196]刘宏盈，马耀峰.旅沪客流西向扩散的动态演变分析[J].商业研究，2009(7)：5-7.

[197]刘宏盈，马耀峰.入境旅游流空间转移与省域旅游经济联系强度耦合分析——以上海入境旅游流西向扩散为例[J].资源科学，2008(8)：1162-1168.

[198]刘军胜，马耀峰.基于发生学与系统论的旅游流与目的地供需耦合成长演化与驱动机制研究——以西安市为例[J].地理研究，2017，36(8)：1583-1600.

[199]刘玲，王朝举.乡村旅游聚落农户最优生计策略选择分析——基于贵州西江苗寨的调研[J].贵州民族研究，2018，39(2)：54-57.

[200]刘祥艳，杨丽琼，吕兴洋.文化距离对我国出境旅游的影响——基于引力模型的动态面板数据分析[J].旅游科学，2018，32(4)：60-70.

[201]刘笑明.民生导向下的乡村旅游转型升级：困境、目标与路径[J].社会科学家，2019(7)：92-97.

[202]刘益，滕梦秦.基于旅游数字足迹的夜间旅游流网络结构研究——以广州市为例[J].西北大学学报(自然科学版)，2021，51(2)：279-286.

[203]刘玉.旅游物流内涵辨析[J].物流技术，2014，33(15)：78-79+137.

[204]刘智.旅游产业与农村可持续生计耦合的空间格局及驱动机制——以张家界为例[J].经济地理，2020，40(2)：209-216.

[205]鲁明勇.民族地区旅游业民生效应评价——以张家界市为例[J].贵州民族研究，2011，32(2)：87-93.

[206]罗康隆.论民族生计方式与生存环境的关系[J].中央民族大学学报，2004(5)：44-51.

[207]罗明义.旅游业的民生功能探讨[J].旅游学刊，2010，25(7)：5-6.

[208]罗文斌，孟贝，唐沛，等.土地整理、旅游发展与农户生计的影响

机理研究：一个乡村旅游发展的实证检验[J]. 旅游学刊，2019，34(11)：96-106.

[209]骆登山，明庆忠，韩剑磊，等. 中国旅游流研究：回顾与展望——基于 CNKI 数据库[J]. 六盘水师范学院学报，2021，33(3)：1-10.

[210]麻学锋，孙根年. 20 年来张家界旅游发展的民生福利考察[J]. 统计与信息论坛，2011，26(7)：66-71.

[211]马波. 旅游与民生：从抽象到具象[J]. 旅游学刊，2010，25(7)：7-8.

[212]马芬. 论乡村旅游对黄瓜山景区农户可持续生计发展的影响[J]. 智库时代，2018(34)：25-26.

[213]马丽君，邓思凡. 省际入境与国内旅游流网络结构特征及比较分析[J]. 地理与地理信息科学，2021，37(5)：133-142.

[214]马舒霞，吴伟光，王磊. 全域旅游要素评价及其绩效分析[J]. 重庆交通大学学报(社会科学版)，2018，18(4)：62-70.

[215]马腾嶽，马群. 作为生存策略的亲属实践：旅游发展下摩梭人家屋社会的生计变迁与调适[J]. 思想战线，2020，46(5)：65-77.

[216]马晓龙，保继刚. 中国主要城市旅游效率的区域差异与空间格局[J]. 人文地理，2010，25(1)：105-110+99.

[217]马耀峰. 发展旅游与改善民生[J]. 旅游学刊，2010，25(9)：5-6.

[218]马耀峰，林志慧，刘宪锋，等. 中国主要城市入境旅游网络结构演变分析[J]. 地理科学，2014，34(1)：25-31.

[219]马耀峰，孙学强，李君轶. 广东入境旅游流递进扩散转移特征[J]. 商业研究，2009(12)：129-132.

[220]马耀峰，张佑印，白凯，等. 中国入境外国游客旅游行为研究[J]. 人文地理，2008(2)：82-86.

[221]聂献忠，刘泽华. 主题旅游流的空间集聚及主题旅游集群发展研究[J]. 商业研究，2005(16)：192-194.

[222]庞闻，马耀峰. 旅游流规模分布的分形与分维——以我国入境旅游为例[J]. 西北大学学报(自然科学版)，2010，40(5)：905-909.

[223]濮蓉，陶卓民，濮元生，等. 基于电信数据的潜在旅游流网络结

构特征及影响因素分析——以江苏省为例[J]. 重庆理工大学学报(自然科学), 2021, 35(4): 231-238.

[224]任瑞萍. 五台山风景名胜区旅游流空间结构研究[J]. 山地学报, 2020, 38(3): 461-472.

[225]阮文奇, 张舒宁, 郑向敏. 中国游客赴泰旅游流网络结构及其形成机理研究[J]. 世界地理研究, 2018, 27(4): 34-44.

[226]尚前浪, 陈刚, 明庆忠. 民族村寨旅游发展对社区和家庭生计变迁影响[J]. 社会科学家, 2018(7): 78-86.

[227]沈振剑. 河南省旅游流时空变化的预测及发展趋势[J]. 经济经纬, 2005(4): 120-122.

[228]史玉丁, 李建军. 乡村旅游多功能发展与农村可持续生计协同研究[J]. 旅游学刊, 2018, 33(2): 15-26.

[229]苏振, 李秋莹. 桂林漓江流域旅游地茶农户生计的改善路径——基于可持续生计视角[J]. 安徽农业科学, 2016, 44(21): 205-207.

[230]苏振, 杨永德. 广西金秀县乡村旅游的民生发展策略分析[J]. 广西广播电视大学学报, 2016, 27(4): 75-78.

[231]孙秋云. 文化人类学教程[M]. 北京: 民族出版社, 2004.

[232]孙晓东, 倪荣鑫, 冯学钢. 城市入境旅游及客源市场的季节性特征研究——基于上海的实证分析[J]. 旅游学刊, 2019, 34(8): 25-39.

[233]孙中山. 孙中山选集[M]. 北京: 人民出版社, 1981.

[234]唐国建. 可持续生计视阈下自然资本的变动对渔民生计策略的影响——以福建小链岛为例[J]. 中国矿业大学学报(社会科学版), 2019, 21(1): 41-53.

[235]唐佳, 李君轶. 基于微博大数据的西安国内游客日内时间分布模式研究[J]. 人文地理, 2016, 31(3): 151-160.

[236]唐健雄. 乡村旅游的民生效应探讨[J]. 旅游学刊, 2010, 25(9): 6-7.

[237]唐澜, 吴晋峰, 王金莹, 等. 中国入境商务旅游流空间分布特征及流动规律研究[J]. 经济地理, 2012, 32(9): 149-155.

[238]唐顺铁, 郭来喜. 旅游流体系研究[J]. 旅游学刊, 1998(3):

38-41.

[239]汪德根，牛玉，王莉. 高铁对旅游者目的地选择的影响——以京沪高铁为例[J]. 地理研究，2015，34(9)：1770-1780.

[240]汪宇明. 彰显旅游民生价值，提升旅游业发展质量[J]. 旅游学刊，2010，25(8)：7-8.

[241]王朝辉，汤陈松，乔浩浩，等. 基于数字足迹的乡村旅游流空间结构特征——以浙江省湖州市为例[J]. 经济地理，2020，40(3)：225-233.

[242]王朝辉. 以产业促进旅游民生功能提升[J]. 旅游学刊，2010，25(9)：7-8.

[243]王成超，杨玉盛，庞雯，等. 国外生态旅游对当地社区生计的影响研究综述[J]. 生态学报，2017，37(16)：5556-5564.

[244]王成，王利平，李晓庆，等. 农户后顾生计来源及其居民点整合研究——基于重庆市西部郊区白林村471户农户调查[J]. 地理学报，2011，66(8)：1141-1152.

[245]王红霞. 乡村人口老龄化与乡村空间演进——乡村微观空间视角下的人口老龄化进程探究[J]. 人口研究，2019，43(5)：66-80.

[246]王洁洁，孙根年，舒镜镜. 20年来中美关系及危机事件对旅游流双向互动的影响[J]. 旅游学刊，2009，24(5)：12-19.

[247]王俊月. 不同生计方式对人居环境影响研究[D]. 芜湖：安徽师范大学，2018.

[248]王淑华，董引引. 基于旅游数字足迹的河南省旅游流网络结构特征研究[J]. 西北师范大学学报(自然科学版)，2021，57(3)：96-103.

[249]王新歌，席建超. 大连金石滩旅游度假区当地居民生计转型研究[J]. 资源科学，2015，37(12)：2404-2413.

[250]王艳平. 旅游民生西部计划[J]. 旅游学刊，2010，25(8)：10-11.

[251]王奕祺，吴晋峰，韩立宁，等. 北京入境旅游流地理分布与网络特征研究[J]. 干旱区资源与环境，2014，28(6)：202-208.

[252]王奕祺，吴晋峰，任瑞萍，等. 港澳与台湾入境旅游流时间特征对比及成因分析[J]. 资源科学，2012，34(2)：373-380.

[253]王永静，胡露月. 乡村旅游视角下农户生计资本对生计策略影响研究——基于重庆乡村旅游地农户调查数据[J]. 生态经济，2020，36(3)：143-148+196.

[254]王永明，马耀峰，李创新. 中国典型区域入境旅游流扩散转移研究——以东部三大旅游区向川流为例[J]. 干旱区资源与环境，2010，24(9)：156-160.

[255]王永明，马耀峰，王美霞. 北京入境旅游流空间扩散特征及路径[J]. 经济地理，2011，31(6)：1019-1024.

[256]蔚海燕，戴泽钒，许鑫，等. 上海迪士尼对上海旅游流网络的影响研究——基于驴妈妈游客数字足迹的视角[J]. 旅游学刊，2018，33(4)：33-45.

[257]魏卫，许欣，王晓宇. "一带一路"入境旅游时空格局与影响因素[J]. 华侨大学学报(哲学社会科学版)，2021(2)：65-75.

[258]吴晋峰，潘旭莉. 京沪入境旅游流网络结构特征分析[J]. 地理科学，2010，30(3)：370-376.

[259]吴姗姗，王录仓，刘海洋. 黄河流域旅游流网络结构特征研究[J]. 经济地理，2020，40(10)：202-212.

[260]吴忠民. 民生的基本涵义及特征[J]. 中国党政干部论坛，2008(5)：33-35.

[261]席建超，张楠. 乡村旅游聚落农户生计模式演化研究——野三坡旅游区苟各庄村案例实证[J]. 旅游学刊，2016，31(7)：65-75.

[262]席建超，赵美风，葛全胜. 全球气候变化对中国南方五省区域旅游流的可能影响评估[J]. 旅游学刊，2011，26(11)：78-83.

[263]肖飞. 有尊严地生活是旅游民生的重要特征[J]. 旅游学刊，2010，25(7)：8-9.

[264]谢彦君. 基础旅游学[M]. 北京：商务印书馆，2015.

[265]谢彦君. 论旅游的本质与特征[J]. 旅游学刊，1998(4)：41-44.

[266]谢园青，周慧. 基于DEA模型的中国地方民生财政支出效率评价[J]. 经济论坛，2017(2)：140-145.

[267]徐定德，张继飞，刘邵权，等. 西南典型山区农户生计资本与生计

策略关系研究[J]. 西南大学学报(自然科学版)，2015，37(9)：118-126.

［268］徐冬，黄震方，黄睿. 基于空间面板计量模型的雾霾对中国城市旅游流影响的空间效应[J]. 地理学报，2019，74(4)：814-830.

［269］徐敏，黄震方，曹芳东，等. 基于在线预订数据分析的旅游流网络结构特征与影响因素——以长三角地区为例[J]. 经济地理，2018，38(6)：193-202.

［270］徐鹏，徐明凯，杜漪. 农户可持续生计资产的整合与应用研究——基于西部10县(区)农户可持续生计资产状况的实证分析[J]. 农村经济，2008(12)：89-93.

［271］徐玮. 可持续生计分析框架下不同子女数量农户家庭生计策略的分析[J]. 西北人口，2016，37(3)：64-70.

［272］徐雨利，李振亭. 我国国内旅游流空间流动模式演替与全域旅游供给升级研究[J]. 陕西师范大学学报(自然科学版)，2019，47(2)：84-90.

［273］宣国富，陆林，汪德根，等. 三亚市旅游客流空间特性研究[J]. 地理研究，2004，(1)：115-124.

［274］闫闪闪，靳诚. 旅游流研究进展与启示[J]. 资源开发与市场，2020，36(2)：193-200.

［275］闫闪闪，靳诚. 洛阳城区旅游流空间网络结构特征[J]. 地理科学，2019，39(10)：1602-1611.

［276］闫闪闪，梁留科，索志辉，等. 基于大数据的洛阳市旅游流时空分布特征[J]. 经济地理，2017，37(8)：216-224.

［277］阎建忠，吴莹莹，张镱锂，等. 青藏高原东部样带农牧民生计的多样化[J]. 地理学报，2009，64(2)：221-233.

［278］颜磊，许学工，章小平. 九寨沟世界遗产地旅游流时间特征分析[J]. 北京大学学报(自然科学版)，2009，45(1)：171-177.

［279］杨皓，王伟，朱永明，等. 退耕还林对农户可持续生计的影响——河北省以保定市涞水县为例[J]. 水土保持通报，2015，35(4)：263-267+270.

［280］杨军辉，李同昇. 桂林气候舒适度与国内旅游客流耦合、偏差分

析[J].管理现代化,2014(5):43-45.

[281]杨敏,马耀峰,李天顺,等.网络信息与入境旅游流的 V-R 耦合关系分析——以澳大利亚入境旅游流为例[J].干旱区资源与环境,2012,26(6):214-219.

[282]杨兴柱,顾朝林,王群.旅游流驱动力系统分析[J].地理研究,2011,30(1):23-36.

[283]杨云彦,赵锋.可持续生计分析框架下农户生计资本的调查与分析——以南水北调(中线)工程库区为例[J].农业经济问题,2009(3):58-65+111.

[284]杨钊,刘永婷,秦金芳,等.长三角游乐型主题公园客流时空分布特征及其影响因素分析——以上海欢乐谷、常州恐龙园、芜湖方特为例[J].自然资源学报,2021,36(3):722-736.

[285]虞虎,陈田,王开泳,等.中国农村居民省际旅游流网络空间结构特征与演化趋势[J].干旱区资源与环境,2015,29(6):189-195.

[286]张春晖,马耀峰,白凯.旅游流与目的地系统耦合研究——以六大城市入境旅游为例[J].资源科学,2016,38(6):1013-1027.

[287]张浩,杨慧敏.基于考虑非期望产出的超效率网络 SBM 模型的我国商业银行效率[J].系统工程,2017,35(4):17-24.

[288]张宏梅,陆林.近 10 年国外旅游动机研究综述[J].地域研究与开发,2005(2):60-64.

[289]张辉,王燕.以人为本 关注民生 促进旅游业稳定发展[J].旅游学刊,2010,25(8):6-7.

[290]张凌云.调整、协调、发展:旅游—民航协同发展的思考与对策——中国旅游交通问题研讨会侧记[J].旅游学刊,1989(1):37-38+42.

[291]张凌云.国民旅游:一个关乎民生的旅游新课题[J].旅游学刊,2010,25(8):5-6.

[292]张柳,李君轶,马耀峰.旅游目的地网络营销系统与旅游产业发展耦合分析[J].经济地理,2011,31(2):339-345.

[293]张行发,徐虹.国内乡村旅游研究评述与展望(2005—2020年)——基于 VOSviewer 的可视化分析[J].林业经济,2021,43(1):83-96.

[294]张妍妍, 李君轶, 杨敏. 基于旅游数字足迹的西安旅游流网络结构研究[J]. 人文地理, 2014, 29(4): 111-118.

[295]张琰飞, 朱海英. 西南地区文化演艺与旅游流耦合协调度实证研究[J]. 经济地理, 2014, 34(7): 182-187.

[296]张阳生, 张红. 昆明境外游客结构特征及时空动态模式[J]. 西北大学学报(自然科学版), 2000(5): 438-441.

[297]张佑印, 顾静, 马耀峰, 等. 北京入境旅游流分级扩散模式及动力机制分析[J]. 人文地理, 2012, 27(5): 120-127.

[298]张佑印, 顾静, 马耀峰. 旅游流研究的进展、评价与展望[J]. 旅游学刊, 2013, 28(6): 38-46.

[299]张佑印, 马耀峰, 赵现红. 中国一级城市入境旅游流时空演变模式分析[J]. 城市问题, 2008(2): 90-94.

[300]赵黎明. 发展乡村旅游 改善农村民生[J]. 旅游学刊, 2010, 25(9): 8-9.

[301]赵明成, 周凤杰, 鲁小波, 等. 基于小波分析的锦州市旅游流时空特征研究[J]. 地域研究与开发, 2019, 38(3): 84-88.

[302]赵明煜, 刘建国. 北京市旅游流网络特征及影响研究[J]. 城市发展研究, 2020, 27(9): 13-18.

[303]赵书虹, 白梦. 云南省品牌旅游资源竞争力与旅游流耦合协调特征及其影响因素分析[J]. 地理科学, 2020, 40(11): 1878-1888.

[304]赵雪雁. 地理学视角的可持续生计研究: 现状、问题与领域[J]. 地理研究, 2017, 36(10): 1859-1872.

[305]郑鹏, 马耀峰, 王洁洁, 等. 基于"推—拉"理论的美国旅游者旅华流动影响因素研究[J]. 人文地理, 2010, 25(5): 112-117.

[306]郑鹏, 马耀峰, 王洁洁, 等. 来华外国旅游者推拉驱力的相关性研究[J]. 人文地理, 2014, 29(1): 146-153.

[307]郑世卿. 相关者利益博弈: 另一种视角看旅游与民生[J]. 旅游学刊, 2010, 25(8): 8-9.

[308]钟静, 张捷, 李东和, 等. 历史文化村镇旅游流季节性特征比较研究——以西递、周庄为例[J]. 人文地理, 2007(4): 68-71.

[309]钟士恩，张捷，韩国圣，等.旅游流空间模式基本理论：问题分析及其展望[J].人文地理，2010，25(2)：31-36.

[310]钟士恩，张捷，任黎秀，等.旅游流空间模式的基本理论及问题辨析[J].地理科学进展，2009，28(5)：705-712.

[311]周慧玲，王甫园.基于修正引力模型的中国省际旅游者流空间网络结构特征[J].地理研究，2020，39(3)：669-681.

[312]周李，吴殿廷，虞虎，等.基于网络游记的城市旅游流网络结构演化研究——以北京市为例[J].地理科学，2020，40(2)：298-307.

[313]朱国兴.发展旅游　关注民生[J].旅游学刊，2010，25(7)：9-10.

[314]朱金林.旅游与民生的内涵及关联性分析[J].湖南商学院学报，2011，18(6)：96-99.

[315]朱晓翔.中国与"海上丝绸之路"国家间旅游流双向互动关系分析[J].太平洋学报，2017，25(8)：81-93.